おいしい！生地

スポンジ、パウンド、シフォン……焼きっぱなしで極上に

[オーブン・ミトン] 小嶋ルミ

文化出版局

伝えたい、おいしい生地

ムースやソルベのような冷菓、旬のくだものを生かした生菓子や焼き菓子、食感や味わいの違うものを組み合わせたハーモニーを楽しむケーキ……洋菓子には、いろいろなおいしさがあります。中でも大好きなのが、オーブンの熱をいっぱいに含んで焼き上がるお菓子のおいしさ。生地それだけで幸せな気持ちになれるような、そんなお菓子です。焼き上がった生地の声に耳を傾けるようにして、試作に試作を重ねますが、いつもめざしてきたのは……

> 焼きっぱなしのシンプルさだからこそ
> 食感にも個性があって、
> 余韻まで心地いいお菓子。

ふわりとふくらんで、でもしっとりとしたきめの細かさもあるスポンジケーキ、バターの風味いっぱいなのに軽くくずれるようなクッキー、バターや粉のおいしさが味わえてのどを軽く通るようなスコーン……。どれも「オーブン・ミトン」ならではのオリジナルの味わいと食感です。生地を作るということは、異なる素材どうしをいかに結びつけるかということ。つまりどう泡立てて、どう混ぜ、どのように焼くかという技術が重要なのです。その微妙なバランスにお菓子作りの難しさと無限性があり、私にとって最大の楽しみ、魅力となっています。焼き菓子も、素材そのものが大切なのはもちろんです。新鮮で上質な材料を選び、適切な量を使うことがおいしさにつながりますが、それを最大限に生かすのは作るお菓子に合ったテクニックです。

> 粉、卵、バターそれぞれの
温かみのある味わいが、
いっぱいに広がる……

そんな生地が生まれるまでの工程をもっとていねいにお伝えしたいと思います。長年続けてきたお菓子教室でも、新鮮な材料、適切でシンプルな配合、過不足ない焼き具合についてももちろんお話ししています。でもみなさんに一番驚かれるのが、卵やバターの泡立て方と粉を加えてからの混ぜ方です。私も製菓学校を卒業してプロの世界に入り、ショックを受けたのが、混ぜるテクニックでした。先輩が粉を加えてから100回くらい混ぜてつやつやだけどさらりと流れるような生地にしているのを見たときは、何を作っているのかと疑問に思ったものでした。それはいわゆるスポンジ生地で、そのソフトでのどごしのいい食感に感動しました。そして卵の風味がふわりと広がったことも忘れられません。この本では、ふだんレシピの中になかなか書き込まれることのない、泡立てや混ぜる作業のテクニックに触れ、それぞれのお菓子に合った泡立て具合、混ぜ具合をお伝えします。

> 泡立て方や混ぜ方を変えることで
味わい様々なおいしい生地を作りましょう。
お菓子作りがもっと楽しくなるはずです。

伝えたい、おいしい生地　2

おいしい生地のための、泡立て方　6
おいしい生地のための、混ぜ方　8

スポンジケーキ
　いちごのショートケーキ　11　14
　卵ロール　12　16
　紅茶風味のチョコレートクリームケーキ　13　18
　チョコロール　20

パウンドケーキ
　フルーツケーキ　22　24
　新しょうがのパウンドケーキ　23　26
　きび砂糖のカントリーケーキ　28　30
　スパイス風味のフルーツケーキ　29　31

サブレ
　キッフェルン　33　36
　紅茶のサブレ　34　37
　シュプリッツ　35　39
　ピーカンボール　40　42
　ハーブのショートブレッド　40　43
　塩味のパイクッキー3種　41　44

スコーン
　プレーンスコーン　47　50
　ハーブ風味のスコーン　48　51
　ごま入りスコーン　48　51
　くるみとレーズンのスコーン　49　51

シフォンケーキ
　バニラシフォン　55　56
　スパイス風味のフルーツシフォン　60　62
　バナナチョコレートのシフォン　61　63

フィナンシエ
　フィナンシエ（アーモンド風味）　65　68
　ココナッツフィナンシエ、
　ヘーゼルナッツフィナンシエ　66　69
　あんずのフィナンシエ　67　69
　さつまいものフィナンシエ　70

チーズケーキ
　ベイクドチーズケーキ　72　74
　スフレチーズケーキ　73　76

ドライフルーツのスパイス漬け　78
新しょうがの甘煮　78
フランボワーズジャム　79

道具について　52
材料について　53

本書のレシピについて
・卵……殻を除いた正味をg数で表しています。全卵の場合はといて、卵白、卵黄はそれぞれ分けた状態で計量してください。
・液体（牛乳、生クリームなど）……ほとんどを重量g数で表しています。他の材料同様デジタルのはかりで的確に量れるからです。また、次々と材料を加算していくほうが便利な場合も多いからです。
・材料は、p.53をご覧になってからそろえてください。

> このなめらかさに注目!
クリームのように泡立てた卵です。

おいしい生地のための、泡立て方

想像してください。
写真のようにクリーム状に泡立てた卵には、小さな空気の泡がたくさん均一に入っています。
この泡は簡単にはつぶれないので、粉をしっかり混ぜることができ、今度はその粉の力が泡を支えてくれます。
焼くと生地全体が均一に持ち上がり、きめの細かさはさらりと口どけのいい食感を生みます。
空気の泡が大きければふわふわには泡立ちますが、こわれやすい泡なので粉をしっかりと混ぜることが難しくなります。
ふわふわのまま焼けばふくらみもいいのですが、その分生地が落ちて締まりやすくなります。
以上が全卵共立てで作るスポンジやパウンドにいえることです。
でもシフォンなどお菓子によっては、口当たりが均一では平板な味わいになってしまうものもあるので、
そんなときは、大きなふわんとした泡も残るような手順を工夫します。
ですから、それぞれのお菓子ごとに泡立て具合を明記しました。

ハンドミキサーで泡立てる

泡立てにはハンドミキサーを使います。人の手ではスピードに限界があるので、満足する気泡量がなかなか得られません。ただし、機種により羽根の形や回転速度で性能が異なるので注意します。作り方には泡立て具合とそれまでにかかる時間を記しましたが、適切な状態を見極め、多少時間がかかったとしてもその状態まで泡立てることが肝心です。全卵を湯せんにかけてから泡立てるのは、泡立ちを助けてくれる砂糖を完全に溶かすためと、卵を適切な温度に温めてより効率よく泡立つようにするためです。

力強い泡を作る

深めのボールを安定するように置いて、ミキサーの羽根は垂直に下ろします。羽根を回転させながらハンドミキサー自体も大きな円を描くように回しながら泡立てます。羽根がボールに軽く当たって音を立てるくらいでいいのです。全卵の場合は、10秒間に20回くらい円を描きます。卵白でメレンゲを作る場合は、10秒間に30回くらい、全卵より速く回して力強い泡を作ります。泡立てる範囲もボールの中全体ではなく3/4程度で集中的に10回ほど円を描いてはボール自体を1/6ほど回転させることを繰り返します(写真は右側に立って作業した手元)。

きめを調える

卵がリボン状に落ちるまで泡立てたら、きめを調えます。これは全卵の場合の作業です。羽根の回転を低速にし、今度はミキサー自体は動かさずに1カ所で10秒ほど泡立てたらボールを少し回転させます。こうして次の場所を泡立てたらまたボールを回転させることを繰り返して、ボールの中をゆっくりと1〜2周します。これで大きな泡のばらつきが消えて、よりきめの細かい均一な泡に調います。さらにその泡は消えにくい力強い泡になっています。

> 焼く前の生地も美しく！
粉を加えたら、ときには80回以上も混ぜます。

おいしい生地のための、混ぜ方

「切るように軽く混ぜます」よく目にする表現ではありませんか。
しかし、私たちプロはこのような言葉はほとんど使いません。
切るのとはむしろ逆で、へらの面が生地によく当たって大きくしっかり混ざるようにすることが多いのです。
そして軽くではなく、つやが出るまで混ぜ込みます。
きめ細かく立てた気泡を支える粉の力を引き出して、むらのない口どけのいい生地に仕上げるためです。
シフォンケーキのように泡に大小のむらを残したいお菓子の場合は、軽く混ぜることになりますが、
それでも切るような混ぜ方はしません。
めざす食感に焼き上げるためには正しい混ぜ方とお菓子に合った混ぜ具合を覚えて、
型に流す前の生地の状態で焼上りを見極められるくらいになってください。

へらの使い方をマスターする

ほとんどの作り方に共通するへらの使い方なので、スポンジ生地の粉の混ぜ方を紹介します。へらはシリコン樹脂の一体型をおすすめします。以下、写真正面に立って右手でへらを動かす場合です。

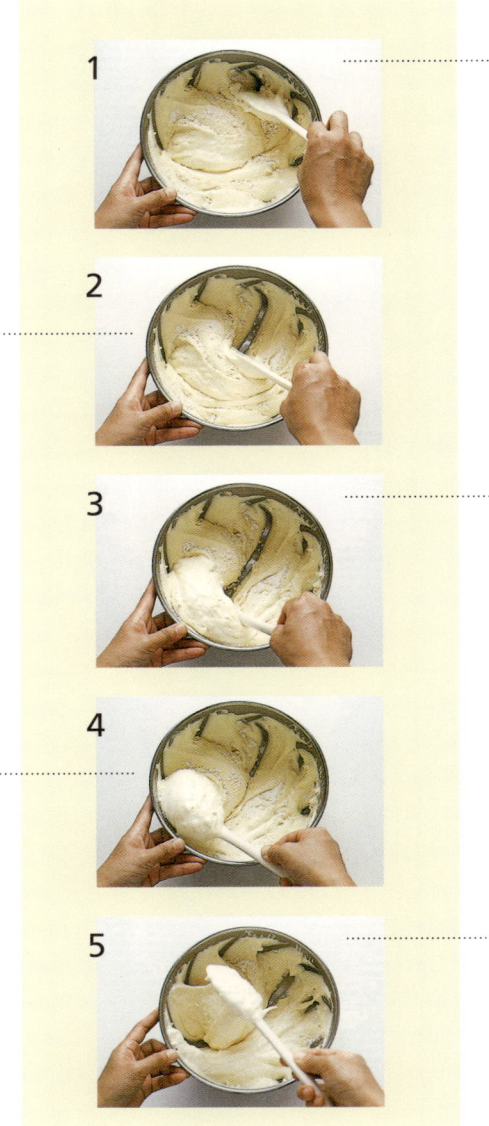

1　きめ細かく泡立てた全卵にふるった粉を加え、混ぜます。ボールの向こう側斜め右にへらを入れます。へらのエッジをボールの側面に垂直に立てる角度で。

2　すぐにそのままボールの中心を通ります。へらとボールの角度はそのまま、エッジがボールの面をなぞるように。

3　左斜め手前までへらを動かします。つまり、へらの平面がいっぱいに生地の抵抗を受けながらボールの直径をなぞったことになります。へらのエッジが生地を切るように動かしてはだめ。

4　そのまま縁まで持ち上げたら自然に手首を返します。へらにのせた生地を逆手で内側に落とすような感じです。

5　すかさず左手でボールを手前に1/6回転させ、へらはまた向こう側の同じ位置に入れます。1から繰り返すと、さっきとは60度ほどずれた直径をたどることになるわけです。リズミカルにテンポよく手早く繰り返します。同じところをたどることなく、10秒間に6～8回くらい。ボールの縁から縁までまんべんなく直線的な軌跡を描くようにします。基本のスポンジケーキでは、粉気が見えなくなってからもこの混ぜ方を80～100回続けてむらのないつやのある生地にします。

スポンジケーキ

ふっくらとしていてぱさつかず、卵の風味がおいしい
スポンジケーキが焼ければ、焼き菓子作りの腕はかなりのものです。
共立てで、そのままでも充分存在感のある生地をご紹介します。
卵の泡立ち具合は砂糖の割合で変わります。
砂糖が多くなると、気泡量は抑えられますが泡の強さは増します。
基本のショートケーキの生地では、グラニュー糖の割合を多めにして
力のあるきめの細かい泡を作り、粉も多めに加えてよくよく混ぜ、
気泡を支える力を引き出します。
焼き上がった生地は、ふわっと体積が増しているので、
決して甘すぎることはありません。
水分（バターと牛乳）も加えてしっとりした食感と風味を与えています。
シロップを打ってもつぶれない適度な弾力もあります。
まさに、p.6〜9の泡立て方と混ぜ方のテクニックで作る生地です。
「卵ロール」はたっぷりの卵と上白糖を使って、よりしっとりとさせた生地、
「チョコロール」は粉の量をひかえた分、ココアを入れて
ほろ苦さと軽さを加えた生地になります。

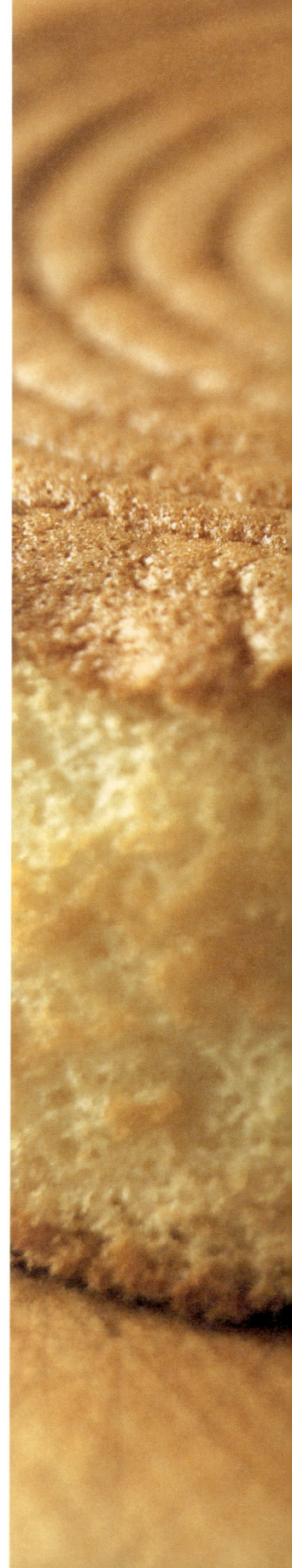

いちごのショートケーキ（基本のスポンジ生地）

卵ロール

紅茶風味のチョコレートクリームケーキ

いちごのショートケーキ

脂肪分の高い生クリームのこくと、フルーツのフレッシュな甘酸っぱさに、とても相性がいいのがこの基本のスポンジ生地。シロップを打って仕上げるのに向く配合ですが、生クリームを添えるだけでそのまま食べても充分おいしいのが自慢。ケーキに仕立てたら、ぜひ作りたてをその日のうちに。

材料（直径18cmのスポンジ型1台分）
基本のスポンジ
　卵　135g
　グラニュー糖　100g
　水あめ　5g
　薄力粉　90g
　A
　　┌無塩バター　23g
　　└牛乳　36g
仕上げ用
　シロップ
　　┌グラニュー糖　20g
　　│水　60ml
　　└キルシュ　20ml
　┌生クリーム　250g
　│グラニュー糖（微粒タイプ。p.53参照）
　└　　12g
　いちご　1パック

基本のスポンジ生地を焼く

準備
・薄力粉はふるう。
・型の側面に敷紙を当てる。底にも円形に切った紙を敷く。
・Aをボールなどに合わせておく。
・オーブンは160℃に温める。
＊型に敷く紙は、わら半紙かグラシン紙など、適度に油分を吸って生地に密着する紙を使う。

1

深めのボールに卵とグラニュー糖を入れて、泡立て器で混ぜながら湯せんにかける。砂糖をよく溶かしながら、卵が40℃前後になるまで温める。

2

水あめも湯せんして温め、1の卵に加えてよく混ぜる（水あめを加えるとよりいっそうしっとりした口当たりに。ないときはグラニュー糖を5g増やす）。

3

Aを湯せんして、バターをとかし、40℃以上に保温しておく。

4

2の卵をハンドミキサーの高速で3〜3分半、白くもったりして、卵を落とすととぎれずに流れ落ちてその跡が残ってからゆっくり消えるくらいまで泡立てる（泡立て方はp.7参照）。
Point 卵を落とすと途中でとぎれるほど泡立てないこと。泡立てすぎてもスポンジ生地のきめが粗くなってしまう。

5

ハンドミキサーを低速に落として2〜3分ほど回し、全体のきめを調える。ふっくらとしたきめの細かい状態にする。
Point 泡立てた卵につまようじの先1cmだけを刺して、しばらく倒れないくらいをめざす。

6

ふるった粉を一度に入れ、ゴムべらで大きく混ぜる（混ぜ方はp.9参照）。

7

粉気が見えなくなったら、温めておいたAを散らすように加え、さらにテンポよく80〜100回混ぜる。

Point よく混ぜてつやのあるきめ細かい生地にする。へらですくうとさらりと落ちるくらいになったら、一度ボールの中をきれいにはらって生地をまとめ、型に一気に流せるようにする。

8
準備した型に生地を流し、型ごととんと2度ほど落として表面の大きい気泡を消し、オーブンに入れる。

9
33〜38分焼いて表面がきつね色になったら、オーブンから出して、20cm程度の高さから型ごと落とす。こうすると熱い空気が抜けて焼き縮みが減る。

10
網の上に逆さにして型をはずし、紙のまま置く。その後粗熱が取れたら、必ず元の向きにもどして網の上で完全に冷ます。

＊ ショートケーキに仕上げてからは、その日中にいただくが、スポンジ生地は、前日に焼いても大丈夫（夏場は冷蔵）。冷凍保存なら2週間ほどもつ。自然解凍で使える。いずれもにおい移りと乾燥を防ぐよう、ぴっちり密閉すること。

ショートケーキに組み立てる

準備
・シロップを作る。水とグラニュー糖を小なべに入れて煮溶かし、冷ましてからキルシュを加える。
・いちごは、洗って水気をふき、へたを取って、縦半分に切る。

1
生クリームにグラニュー糖を加え、ボールごと氷水に当てながら七分程度まで泡立てておく。
Point 七分立てで止めておき、使うときにボールの中の必要量だけをちょうどいい状態まで泡立てながら使うと、泡立てすぎを防げる。

2
スポンジ生地の紙をはがし、底の生地を薄く削るように切る。

3
まっすぐに厚みを2等分する。あればちょうどいい高さの当て木をするといい。

4
回転台に下半分の生地を、削った底を上にして置き、シロップの1/3量を刷毛でたっぷり含ませる。

5
生クリームの約1/4量を八分程度まで泡立てて、4の生地にのせ、パレットナイフでならす。いちごを放射状に並べたら、同量の生クリームを八分立てにしていちごの上に広げる。

6
もう一枚のスポンジ生地の片面にも残りのシロップの半量を打ち、この面を下にして5の上に重ねる。軽く押さえて平らにし、上にも残りのシロップを打つ。

7
残りの生クリームはゆるめの状態でスポンジの真ん中に流し、パレットナイフでならして側面の途中まで流れ落ちるくらいに整える。好みでいちご（残り、または分量外）を飾る。

＊ 冷蔵庫に置き、なるべく早くいただく。

卵ロール

よりしっとりと、より卵の風味を感じる生地は、上白糖を使い、卵の配合を多めにしているからです。シロップを打たなくても充分しっとりするのも、この生地の特徴。粒子の細かい薄力粉を使ってふわふわした食感をより強調し、生クリームを引き立てます。ちょっとなつかしいような、これぞロールケーキという味わい。作りたてのおいしさは、手作りするかいのあるお菓子です。

材料（30×30cmの天板1枚分）
卵　250g
上白糖　127g
薄力粉（"スーパーバイオレット"
　p.53参照）　75g
牛乳　44g
┌ 生クリーム　170g
│ グラニュー糖（微粒タイプ。p.53参照）
└　　10g

準備
・天板に敷紙（p.14参照）を敷く。天板の深さの2倍ほどの高さになる大きさに紙を切り、四隅に切り込みを入れてきっちり敷き込む。天板は2枚重ねる。
・薄力粉はふるう。
・オーブンは180℃に温める。

1

p.14の基本のスポンジの作り方1〜4を参考にして、卵と上白糖を合わせて湯せんにかけ、ハンドミキサーの高速で5分ほどもったりするまで泡立てる。牛乳を、湯せんして人肌より熱めに温めておく。
Point　基本のスポンジよりも砂糖が少ないので泡立ちが大きくなり、すくうとハンドミキサーの羽根にひっかかって一瞬止まってから落ちるような感じになる。

2

低速にして、2分ほど全体のきめを調える。基本のスポンジと比べると、よりふんわりと泡立った感じになる。

3

粉をもう一度ふるいながらすべて加える。
Point　スーパーバイオレットは粒子が細かい分、だまになりやすいので、再度ふるうこと。

4

ゴムべらにかえて大きく混ぜ、粉気が見えなくなってからも10〜15回混ぜる。
Point　基本のスポンジよりも卵がふわふわに泡立って粉が少ないので、はじめは混ぜにくいが基本通り（p.9参照）にテンポよく大きくしっかり混ぜる。

5

1の牛乳を加えて、さらに60〜80回混ぜる。
Point　なめらかになるまでよく混ぜるが、基本の生地よりふわりと落ちる感じ。

6
紙を敷いた天板の真ん中に流し入れ、カードを使って四隅にならし、さらにカードを天板の縁に沿わせながら4辺をならす。天板ごと軽く落として、表面の大きな気泡を消す。

7
オーブンに入れて14〜16分、表面にしっかりとした焼き色がつくまで焼く。最高にふくらんだものが少し沈みかけたら、オーブンから出して、天板ごと20cmほどの高さから落とし、焼き縮みを防ぐ。

8
紙ごと天板からはずして網の上で冷ます。冷めたら側面の紙を生地からはがしてひっくり返し、底の紙を一度はがす。紙を元にもどして、もう一度表面に返す。

9
生地の表面を指で押しながら全体を平らに整える。生クリームにグラニュー糖を加え、ボールごと氷水に当てながら八分立てにして、全体にパレットナイフで広げ、手前から紙を使ってす巻きの要領で巻く。ある程度きっちりと巻く(生地に切れ目を入れておく必要はない)。

10
紙をつけたまま、ケーキの巻終りが下になるよう置き、冷蔵庫で10分以上落ち着かせる。

＊ 切り分けるときは、温めたナイフを使う。一切れごとに熱い湯にくぐらせて水分をふき取る。

紅茶風味のチョコレートクリームケーキ

ショートケーキの生地と材料の割合も、作り方も同じですが、高さが出る分量で焼いて、その分厚みを3等分し、それぞれに紅茶液をシロップとしてたっぷり含ませます。シロップを打つ前には上面と底の焼き色がついた部分を削るので、口どけのよさも一段と増します。口中にアールグレーの香りとチョコレートの風味が広がって、とけるように消える繊細なショートケーキです。

材料（直径18cmのスポンジ型1台分）
スポンジ生地（材料の写真はp.14参照。写真外）
卵　150g
グラニュー糖　110g
水あめ　6g
薄力粉　100g
A
　┌無塩バター　26g
　└牛乳　40g
仕上げ用
シロップ
　┌アールグレー紅茶の茶葉　7g
　│熱湯　160ml
　└グラニュー糖　50g
チョコレートクリーム
　┌クーベルチュールチョコレート
　│　（スイート）　72g
　│牛乳　48g
　└生クリーム　240g
クーベルチュールチョコレート
　（コポー用。あれば。写真外）
　　適宜

> 準備
・p.14の基本のスポンジ生地と同様の準備をし、作り方1〜10と同様にして焼き、冷ます。分量が多くなる分、泡立てる時間は3分半〜4分、焼き時間は35〜40分と少し長くなる。
・紅茶のシロップを作る。紅茶の葉に熱湯を注ぎ、5〜6分蒸してこし、グラニュー糖を溶かす。
・チョコレートクリーム用のチョコレートを細かく刻み、ボールに入れる。

1

チョコレートクリームを作る。刻んだチョコレートに沸騰直前まで温めた牛乳を加えてよく溶かしたら、ボールを氷水に当てて静かに混ぜながら20℃程度に冷ます。固まってくるほどは冷やさないこと。

2

1に生クリームを2回に分けて加え、そのつど泡立て器でよく溶かして、全部加えたら氷水に当てながら七分程度に泡立てておく（泡立てた生クリームのあつかい方はp.15の作り方1と同じ）。

3

スポンジ生地の紙をはがし、底の焼き色がついた部分を薄く削る。当て木などをして厚さを3等分し、上の焼き色がついた部分も薄く削る。完成したときに、全体が一体化したより口どけのいい味わいになるので。

回転台に一番下の生地を削った面を上にして置き、紅茶のシロップを刷毛で押さえるようにしながらたっぷりと含ませる。

2のクリームの約1/4量を八分程度まで泡立てて、4の上にパレットナイフで平らにのばす。

2枚めの生地の片面にシロップを含ませる。

その面を下にして5に重ね、4、5と同様にシロップとクリームを塗る。

3枚めも焼き色を削った側にシロップを含ませてから、その面を下にして重ね、上部にシロップを塗る。残りの七分立てのチョコレートクリームを広げ、側面にもたらす。上面にはたっぷり残るようにする。

側面はパレットナイフを縦に使ってならし、上面を外から内にならして角をきっちり整える。回転台を回して手際よく。

最後にパレットナイフの先端を少し斜めに当てながら回転させて、中心から外へうずまき状に仕上げる。あればコポーを飾り、冷蔵庫で冷やす。

＊ コポーは、室温にした板状のチョコレートを皮むき器でリズミカルに削って、カールさせたもの。ここでは、黒、白2色で作った。

＊ クリームで仕上げてからは、紅茶の香りが新鮮なうちに早めにいただく。スポンジ生地の作りおきは、p.15の＊印と同様。

チョコロール

この生地は、チョコレート風味のスポンジケーキというよりは、軽い味わいのガトーショコラと呼びたい。そのくらいチョコレートのほろ苦さを感じさせる存在感のある生地で、たっぷり巻いたフルーツとホイップクリームにめりはりを与えます。ココアの油分が泡を消しやすくするため、この生地の場合は混ぜる回数を少なくします。

材料（30×30cmの天板1枚分）
卵　180g
グラニュー糖　110g
薄力粉　28g
ココアパウダー　28g
牛乳　30g
シロップ
├ グラニュー糖　10g
├ 水　30ml
└ キルシュ　15ml
├ 生クリーム　300g
├ グラニュー糖（微粒タイプ。p.53参照）
│　16g
├ キウイフルーツ　1個
├ ラズベリー　15、16粒
└ パイナップル（生。正味）　150g

> 準備
- p.16の「卵ロール」の準備と同様に天板と敷紙を用意する。
- 薄力粉とココアパウダーを合わせて2回ふるう。
- キウイフルーツとパイナップルは、それぞれ皮をむいて、1cm角に切る。
- オーブンは200℃に温める。

1
「卵ロール」の作り方1、2と同様に、卵とグラニュー糖をよく泡立て、きめを調える。この間に牛乳は温めておく（粉を加える前の卵の状態も「卵ロール」を参照）。

2
ふるった薄力粉とココアを加え、手早く大きく混ぜる。
Point ここでは粉気がほぼ見えなくなったら混ぜるのをやめる。気泡が消えやすい生地なのでこれ以上混ぜない。

3
温めた牛乳を加え、大きく混ぜる。
Point 牛乳が沈みやすいので底から大きく混ぜ、完全に混ざったら終わり。なるべく少ない回数で混ぜきるようにする。

4
紙を敷いた天板に流し入れ、カードで四隅にならし、さらにカードを縁に沿わせながら4辺をならす。天板ごと軽く落としてから、オーブンに入れる。

5
10〜12分、表面のところどころに焼き色がつき始めたらオーブンから出して、紙ごと天板からはずし、網の上で冷ます。

6
水とグラニュー糖を煮立てて溶かし、冷めてからキルシュを加えて、シロップを作っておく。「卵ロール」の作り方8と同様にし（紙をはがして元の位置にもどす）、生地にシロップの半量を刷毛で含ませる。

7
生クリームにグラニュー糖を加え、ボールごと氷水に当てながら七分立てにしておく。2/3量を八分程度まで泡立ててから全体に広げる。手前を少し厚めに、奥を薄めにする（泡立てた生クリームのあつかい方はp.15の作り方1と同じ）。

8
手前1/3にくだものを並べ、クリームの中に埋めるように軽く押してから、上にうっすらとクリーム（使う分は軽く泡立て直す）を広げる。

9
紙を巻きすのようにして、くだもののののった部分が芯になるように一巻きし、巻いて表面に出た裏側の生地に、残りのシロップの半量弱を含ませる。

10
一気に巻いて、巻終りを下にして、冷蔵庫で少し落ち着かせる。

11
横にはみ出したクリームを押し込むようにしてから、生地の表面に残りのシロップを塗り、残りの生クリームを八分程度まで泡立てて上にのせ、パレットナイフで全体にならす。あれば三角コームで筋をつけて飾り、冷蔵庫で10分以上落ち着かせる。

＊　スポンジ生地の作りおきは、p.15の＊印と同じ。ロールケーキに仕上げてからは、その日のうちに。

＊　くだものは、酸味や味のはっきりしたものを何か加えれば、とり合わせは自由。バナナといちご、マンゴーとベリー類の組合せなどもおすすめ。

パウンドケーキ

バターケーキ、カトルカールなどといわれる生地です。
これにはいくつかの作り方がありますが、
ここではやわらかくしたバターに砂糖、卵を加えるオーソドックスな方法と、
共立て式でスポンジケーキのように卵を泡立てた中にとかしバターを加える方法とをご紹介します。
いずれも「家庭では作れないと思っていたパウンドケーキの食感」と教室でも評判になるお菓子です。
ここでも、違いを生み出すポイントは、バターや卵の泡立て方と粉の混ぜ方。
フランスの伝統的な作り方では、バターにはあまり空気を含ませませんが、
日本人にはきめ細かい軽やかな口当たりが合うように思い、前者の方法でもバターをよく泡立て、
さらに卵を加えるたびに泡立てて、きめの細かい気泡をたくさん作り、
それを支える粉の力を引き出すようによく混ぜてつやのある生地にします。
ベーキングパウダーの力でふくらませるものとは違った、
ふうわりとやさしいのどごし、温かみのある口当たりをお伝えしたいと思います。

フルーツケーキ

新しょうがのパウンドケーキ

フルーツケーキ

まずは、バターを先に泡立てる方法から。このフルーツケーキは、2〜3週間ねかせてもソフトな食感が保たれて、香りは日に日に深くなります。バターは「白っぽくなるまで」ではなくて、かさが2倍以上になるくらいふわっと泡立ててみてください。このときバターの温度にも気を配ります。右欄とp.27を参照してください。フルーツはレーズン以外はお酒に漬けず、ドライフルーツやナッツそれぞれの個性を鮮やかに生かしています。その分、驚かれるほど染み込ませたラム酒とシロップが、しだいになんともいえない風味と食感をかもしだします。

材料（18×8cmのパウンド型1台分）
無塩バター（発酵）　90g
グラニュー糖（微粒タイプ。p.53参照）
　　90g
卵　75g
A
├ 薄力粉　90g
│　ベーキングパウダー　1g
│　（上達したら、加えなくてもいい）
├ ドライプルーン、ドライアプリコット、
│　ドライクランベリー　各18g
├ レーズン（ひたひたのラム酒に1週間
│　ほど漬けたもの）　60g
├ オレンジピールの砂糖漬け
│　（市販でいい。細かくカットして
│　いないもの）　30g
├ くるみ　30g
├ ラム酒　35ml
└ シロップ（グラニュー糖16gを
　　水27mlに煮溶かして冷ましたもの

> 準備
- プルーンは熱い紅茶液（できればアールグレー。分量外）に、アプリコットとクランベリーはそれぞれぬるま湯に10〜20分つけてもどす。それぞれ軽く水気をきり、1.5cm角に刻む。
- オレンジピールは水洗いして、水気をふき取り、5〜7mm角に切る。
- くるみは1cm角程度に粗く刻む。
- 以上のドライフルーツとくるみとレーズンを合わせる。
- Aを合わせてふるう。
- バター、卵のあつかいについては、右参照。
- 型の内側に四隅を切った敷紙（p.14参照）を敷き込む。
- オーブンは180℃に温める。

1

ボールにバターを入れて、グラニュー糖を加え、ゴムべらですり混ぜる。

2

ハンドミキサーにかえて、高速で5分を目安にふわふわの白いクリーム状になるまでよく泡立てる。

3

卵を4回に分けて2に加え、そのつど1〜2分ずつハンドミキサーで泡立てる。

4

4回めの卵を加えたら、さらに1〜2分充分に泡立ててきめの細かいクリーム状にする。右を参照して泡立終りの温度が20〜22℃になるようにする。
Point 多少分離しかかっても大丈夫なので、バターのかさが2倍以上になるまで気泡をたくさん作る。

5

ふるったAの粉を一度に入れ、ゴムべらでよく混ぜる（混ぜ方はp.9参照）。
Point 粉気がほぼ見えなくなってからさらに40〜50回混ぜ、つやのある生地にする。

6

ドライフルーツとナッツを5に加えて、軽く全体を混ぜる。焼く前の生地の状態もきれいに作ることが大切なので、全体が均一に混ざった生地にする。

7

紙を敷いた型にカードなどで数回に分けて入れる。

8

表面をならし、真ん中をへこませて両端を少し高くする。型ごと軽くとんと落とす。紙が生地の重みで内側にめくれてしまわないよう、四隅の紙を軽くひっぱって角を整える。

9

オーブンで45〜50分、ふくれて割れた生地にもうすい焼き色がつくまで焼く。すぐに型から出して紙をつけたまま網の上で、手で持てるくらいまで冷ます。

10

まだ温かいうちに紙をはずし、シロップとラム酒を合わせたものを刷毛でたたくように塗って染み込ませる。上面、4つの側面、底にたっぷり含ませる。そのまま完全に冷まし、ラップフィルムなどで密封して、冷蔵保存する。

＊ 3日めからいただける。2週間後が特におすすめ。きっちり密封して冷蔵保存すれば1カ月ほどもち、時間とともに味わいが変化する（いただくときは室温で）。

バターのあつかい 1

・バターを室温にもどす？

クッキーやパウンドケーキの作り始めのバターをやわらかくしておくときによく使われる説明です。室温が20〜23℃ならこれでちょうどいいかたさ、バター自体は約20℃になります。指で少し押してみるとすっと入るくらいです。が、夏の暑いときは作業中にもどんどんやわらかくなってしまいます。冬場はその反対、いつまでもかたくしまったままです。そこで室温によって、あつかい始めのバターの温度を調節します。23℃以上の暖かい時期は、バター自体の温度が19℃くらいの少し抵抗感が残るくらいのやわらかさから始めます。作業中にだれてきたらボールを冷水に当てて冷やす場合もあります。20℃未満の寒い時期は、オーブンを30〜35℃まで温めてスイッチを切ったところに20〜30分入れて、やわらかめの22〜23℃で始めます。これで泡立終りが20〜22℃になるはずです。店や教室では専用の温度計を使ってチェックしながら作っています。

・バターの状態にむらを作らない

バターを適温にするとき、必要量を5〜7mm厚さに切って平らに並べ、ラップフィルムで覆うようにしてください。厚みを均一にすることでバターの温度にむらができなくなるからです。

・バターをよく泡立てる

ハンドミキサーの使い方は、p.7と同様です。泡立てるときに温度調節が必要なのは、きめ細かい気泡をたくさん含んで、それを保てるかたさにするため。作業中も泡立てたあとも20〜22℃を保つようにします。卵を加えてさらに泡立てるときは、夏の室温が高いときは12〜17℃の冷えた卵を、冬場は30〜35℃に湯せんした卵を加えてください。粉を混ぜる段階の温度が20〜22℃になって、いい生地ができるからです。

新しょうがの
パウンドケーキ

初夏のひととき出回る新しょうがを、毎年甘煮にしています。新しょうがならではのすっきりした風味を焼き込んだ生地です。先に卵を充分泡立ててからとかしバターを加える作り方のほうが、バターの香りが引き立つので、生地に加えるものが軽いときにはこの方法をとっています。特に新しょうがの香りとバターの風味がすばらしく合います。ごまのこうばしさも欠かせないアクセントです。

材料（直径12cmのスポンジ型2台分）
卵　137g
グラニュー糖　150g
無塩バター（発酵）　150g
薄力粉　150g
新しょうがの甘煮（p.78参照）　80g強
洗いごま（白、黒合わせて）　約15g

> 準備
- 新しょうがの甘煮は、4、5枚を厚みを半分に切って飾り用にし、残りを約4mm角に刻む。
- 型の底に敷紙（p.14参照）を敷き、側面に無塩バター（分量外）を塗って、強力粉（分量外）をはたく。
- 薄力粉をふるう。
- バターをとかし、40～50℃に保温する。
- ごまはいって冷ます。
- オーブンは180℃に温める。

1

ボールに卵を入れ、グラニュー糖を加えて泡立て器で混ぜる。湯せんにかけて、さらに混ぜながら約40℃まで温める。
Point　ここで砂糖を卵の中によく溶かし込む。ボールの側面に溶けた砂糖がついたままになりがちなのですべて卵に溶かす。

2

湯せんからはずして、ハンドミキサーの高速で泡立てる（泡立て方はp.7参照）。

3

5～6分間、もったりとして感触が重くなり、ハンドミキサーの軌跡がはっきりつくくらいまで泡立てる。このレシピのように砂糖の割合が多いときは、泡立ちに時間がかかるため少し長めに泡立てる。

4

次に低速にして、全体のきめを調える。なめらかなクリームのような状態にする。

5

とかしバターを加え、ハンドミキサーで全体を一混ぜする。

6

泡立て器かゴムべらにかえて底から生地を持ち上げるように全体を混ぜる。バターが底にたまって混ぜ残しがないように注意する。

7

6のボールに薄力粉を再度ふるいながら一度に加え、ゴムべらで混ぜる（このレシピでは再度ふるったほうが粉が混ざりやすい。混ぜ方はp.9参照）。

8

粉気が見えなくなってからさらに10～20回混ぜる。

9
しょうがの甘煮を加えてさらに10回ほど手早く混ぜ、とろりと落ちる程度のなめらかでつややかな生地にする。

10
ボールの側面についた生地もすべてきれいにまとめてから、生地を2台の型に半量ずつ残さないよう型に流し入れる。

11
型ごと軽くとんと落として表面の大きい泡を消し、しょうがの薄切りを飾り、ごまを一面に散らす。

12
オーブンに入れて35～40分焼く。ふくらみきった生地が少し沈んで、割れ目にも少し焼き色がつき、生地と型との間にすき間ができ始めたら焼上り。型からはずし、網の上で冷ます。

＊ 完全に冷めたらビニール袋やラップフィルムで覆い、翌日以降4日めくらいまでにいただくのがおすすめ。冷蔵庫で保存する（いただくときは室温にして）。

バターのあつかい2

・泡立てと混ぜ具合の違う生地

写真のパウンドケーキ2種は、p.24の「フルーツケーキ」の生地作りでバターの泡立て方と粉の混ぜ方を変えたものです。右側がこの本の作り方で作ったプレーンなパウンド生地。左の生地は、バターをクリーム状にした程度（写真下左）で卵を混ぜ、粉を加えたら粉気がなくなる程度に軽く混ぜて（写真下右）焼いたもの。決して間違った作り方ではなく、よく見かける焼上りですが、全体が持ち上がって、焼き縮みの少ない右のパウンドケーキと食べ比べると、違いは歴然。「オーブン・ミトン」流は、しっとりとソフトな食感が持続してのどごしがよく、バターの余韻も心地いいのです。

きび砂糖のカントリーケーキ

スパイス風味のフルーツケーキ

きび砂糖の
カントリーケーキ

どのパウンドケーキにも発酵バターを使っていますが、このお菓子も発酵バター特有の酸味とまろやかさを併せ持つ香りと、きび砂糖の雑味のある甘さとが、絶妙に調和していると思います。粗製糖の重みのためベーキングパウダーを使い、生地のふくらみを安定させましたが、粉の1％程度にとどめることにより、ぱさつきや粗さがなく、口どけよく仕上がっています。

材料（直径12cmのスポンジ型2台分）
卵　137g
A
┌ きび砂糖（粉状のもの）　110g
└ グラニュー糖　30g
無塩バター（発酵）　150g
B
┌ 薄力粉　150g
└ ベーキングパウダー　1g強
けしの実（または、白いりごま）　適宜

> 準備
・型、バター、オーブンの準備はp.26の「新しょうがのパウンドケーキ」と同様に。
・薄力粉とベーキングパウダーを合わせてふるっておく。

基本的に「新しょうがのパウンドケーキ」と作り方は同じ。卵に砂糖を混ぜてよく泡立てる。グラニュー糖のかわりに合わせたAの砂糖を加えて、同様にする。

ハンドミキサーを低速で回しながらきめを調え（写真）、とかしバターを加えて混ぜる。ここでも「新しょうがのパウンドケーキ」と同様、底にバターがたまらないよう底から大きく混ぜる。合わせてふるった粉類をもう一度ふるいながら加えて、混ぜる。ここでは粉気が見えなくなってから30～40回混ぜる。

生地を型に流し入れて型ごと軽く落として表面の泡を消し、けしの実をふり、オーブンで30～35分焼く。焼上りの目安も同様。オーブンから出したら、型からはずして網の上で冷ます。

＊保存方法も「新しょうがのパウンドケーキ」と同じ。しっとりとしてくるので、翌日から4日めくらいまでが食べごろ。いただくときは、室温にもどしてどうぞ。

＊きび砂糖にかえてほかの粗製糖を使っても。いずれもざらめなど結晶したものよりも粉状の溶けやすいものを選んだほうがいい。カラメルなどを加えたものは避ける。粉状の黒砂糖も独特の風味とこくが楽しめるが、その場合はグラニュー糖の割合を多くし、生地が重くなる分、少し長くしっかりと泡立てる。

＊表面がこげやすいので、小さめの型で焼くほうがいい。

スパイス風味の
フルーツケーキ

フルーツケーキ同様、バターを先に泡立ててドライフルーツを焼き込んだケーキですが、こちらは複雑なスパイスの香りがエキゾチック。生地の作り方は同じですが、ナツメッグとクローブを加えていますし、フルーツはスパイス風味のシロップをたっぷりと含んでいるので、この水分で生地がよりしっとりとしてきます。日ごとにスパイスの香りが生地に広がって、変化も楽しめるお菓子です。

材料（14×6cmのパウンド型2台分）
パウンド生地（材料の写真はp.24参照）
無塩バター（発酵）　100g
グラニュー糖（微粒タイプ。p.53参照）　100g
卵　80g
A
┌ 薄力粉　100g
│ ベーキングパウダー　1g（上達したら、
└ 　加えなくてもいい）
B
┌ クローブ（たたきつぶす）　3粒分
└ ナツメッグ（おろす）　少々
ドライフルーツのスパイス漬け（p.78参照）の
　　フルーツ　170g
ドライフルーツのスパイス漬けの漬け汁　25ml

> 準備
・フルーツは、飾り用に一部をとりおいて、プルーン、アプリコット、いちじくは1〜1.5cm角に刻み、レモンの皮とオレンジの皮は細めのせん切りにする。
・p.24の「フルーツケーキ」と同様にバター、卵を準備し、型に紙を敷いて、Aを合わせてふるう。
・オーブンは180℃に温める。

1

生地の作り方は、「フルーツケーキ」を参照。バターを泡立て、卵を加えてよく混ぜ、ふるった粉類を入れるときにBのスパイスも加えて同様に混ぜ、つやのある生地にしてから、準備したフルーツを合わせて混ぜる。この場合は半量ずつ2つの型に流す。表面のならし方は「フルーツケーキ」と同様にし、飾り用のフルーツと、あれば一緒に漬けたスパイス（分量外）を飾る。

2

オーブンで30〜35分焼く。ふくらんで割れた生地にもうすい焼き色がつくまで焼いたら、型からすぐにはずして、熱いうちに紙をつけたまま上部のみに、ドライフルーツのスパイス漬けの漬け汁をシロップとして刷毛で塗って含ませる。完全に冷めたら紙はつけたままラップフィルムで覆って冷蔵保存する。

＊　翌日からいただけて、2週間ほど楽しめる。時間が経つにつれて味わいが変わる。冷たいままいただいてもおいしい。

＊フルーツを混ぜる前の生地を半量ずつに分け、それぞれ中に加える具をかえて、2種類焼くのもおすすめ。

＊この分量で18×8cmの型1台で焼くこともできる（敷紙は型より高く出す。焼き時間は長くなる）。

サブレ

フランス語で砂のようにさくさくしたクッキーのことを言います。
材料、配合、作り方、焼き具合でいろいろな味わいの違いが楽しめます。
ご紹介するものも、それぞれタイプが異なりますが、
どれも軽い口どけで、まさにサブレと呼ぶにふさわしいものばかり。
「紅茶のサブレ」以外は卵を使いませんが、
卵というつなぎがない生地は、口に入れるとさくっとくずれる独特の食感を生みます。
また、粉糖を使ったものはきめの細かいやさしい口当たりが特徴。
どれもバターをたっぷり使いますが、よく泡立てるのはここでは「シュプリッツ」だけ。
練ったり、すり混ぜたり、さらさらに攪拌したりするときのバターの状態が
口当たりに影響しますからp.25を参照して温度の管理に気を配ってください。
さらに粉を混ぜるときは、粉気がなくなってからもしっかりすり混ぜること。
また焼き具合も味わいを大きく左右する要素なので、
作り方に記した焼き色に従ってください。
適切な作り方をしたサブレは、魅力的な風味と食感で、
まさにおいしい生地！　ぜひ手作りしてみてください。

キッフェルン

紅茶のサブレ

シュプリッツ

キッフェルン

ウィーン風クッキーです。ヘーゼルナッツパウダーを入れたナッツの風味豊かなこの生地は、コーンスターチを使っているためくずれるような独特の食感。焼き加減は底面と周囲に少し焼き色がつく程度にするのがこつ。生地の中心まで焼き色がつくと、焼きすぎです。

材料（約30個分）
A
- 薄力粉　61g
- コーンスターチ　61g
- ヘーゼルナッツパウダー（または、アーモンドパウダー）　61g
- 粉糖　45g

無塩バター（発酵）　100g
仕上げ用粉糖（写真外）　適宜

> 準備
- Aを合わせてふるう。
* ふるう網の目の細かさによっては、ヘーゼルナッツパウダーだけ目の粗い網でふるい、ふるった粉と泡立て器でよく混ぜるといい。ナッツの薄皮が網に残ったら、ふるったパウダーに加えてかまわない。
- バターはp.25を参照して、適温にする。
- 天板にオーブンペーパーを敷き、オーブンは170℃に温める。
* オーブンペーパーは、繰り返し使えるタイプを何度か使用したあとのものがおすすめ。新品やロール状の使い捨てタイプは、生地が焼けるときに滑って広がってしまうことがある。

1 ボールにバターを入れて、ゴムべらでやわらかく練る。少し白っぽくなって練ったあとに筋が残るくらいまで手早く練る。

2 ふるい合わせたAを加えて混ぜ合わせる。ゴムべらで切っては押すような感じでしっかり粉類とバターを合わせ、粉気がなくなってからは10回ほどよくすり混ぜる。

3 カードでボールの中をきれいにまとめ、そのまま軽く手で練るようにまとめる。

4 生地を、はかりで10〜11gずつに分ける。生地をちぎって次々とはかりにのせ、10か11の倍数を見ていくと合理的。

5 それぞれを手のひらで空気を抜くようにころがして丸める。

6 台の上で3本の指でころがし、5〜6cm長さの棒状にする。やわらかくなってきたら、必要に応じて手粉（分量外）をする。

7 棒状の生地の両端を曲げて馬蹄形にしながら、天板に間隔をあけて並べていく。

8 オーブンで12〜15分、うっすらと焼き色がつくまで焼き、焼けたものから網にとって冷ます。

Point 裏面の焼き色も覚えるといい。焼きが足りないと粉がいい風味にならないし、焼きすぎはバターの風味が抜けて食感もさくさくとしなくなる。下火が強ければオーブンペーパーを2枚重ねたり、奥と手前で焼きむらができるなら途中で天板の向きを変えたりして工夫する。

9 完全に冷めたら、仕上げ用の粉糖を茶こしなどでふるいながらふる。すき間なく並べると合理的。

＊ 湿気ないよう保存する。まとめて密閉容器に入れるよりもポリプロピレン製の製菓用透明小袋に小分けしてから入れたほうが湿気にくい。

＊4、5日中にいただききるのがおすすめ。

紅茶のサブレ

お菓子作りの第一歩が、アイスボックスのクッキーというかたも多いのでは。ここでは混ぜるだけの卵入りの生地を棒状にして冷凍し、焼くときに砂糖をまぶして切ります。このサブレはすった茶葉が生地に微細なすき間を作るためか、ほろりとした口当たり。紅茶とバターの香りを最大限に生かすために、焼きすぎに注意。焼き色が全体についてしまうとバターの風味が飛んでしまいます。

材料（約26個分）
無塩バター（発酵）　100g
粉糖　43g
卵黄　11g
薄力粉　143g
アールグレー紅茶の茶葉　4g強
仕上げ用グラニュー糖（一般的な粒子のもの。写真外）　適宜

作り方 → p.38

紅茶のサブレ
材料 → p.37

> 準備
> ・バターはp.25を参照して、適温にする。
> ・薄力粉はふるう。

1 茶葉をすり鉢でする。粗いものが少し残るくらいがいい。

2 バターをボールに入れて、粉糖を加え、泡立て器でしっかりすり混ぜる。

3 白っぽくなったら卵黄を2回に分けて加え、そのつど泡立てないようによく混ぜる。

4 写真のようにつやが出てなめらかに混ざったら、薄力粉と1の茶葉を入れる。

5 ゴムべらにかえてしっかりすり混ぜる。

6 生地を半分ずつに分け、ころがしてそれぞれ約15cm長さの棒状に形を整える。このとき生地がやわらかすぎるようなら、あつかいやすいかたさになるまで冷蔵庫で冷やす。冷えてかたくなりすぎたら、手のひらで少しずつ押してあつかいやすいやわらかさにする。

7 ラップフィルムで包み、冷凍庫に3時間以上入れて、完全に凍らせる。

8 天板にオーブンペーパー（p.36「キッフェルン」参照）を敷き、オーブンは170℃に温める。7の生地を冷凍庫から出して少しおき、凍ったままグラニュー糖の上でころがして生地の周りにしっかりまぶしつける。よく切れるナイフで1.2cm厚さに切り分ける。

9 オーブンペーパーを敷いた天板に間隔をあけて並べ、オーブンで15〜20分焼き色がうっすらつく程度に焼く。

10 網にとり、完全に冷ます。

Point 周囲と底に焼き色が少しつくくらい、中心部はあまり色づかない程度に焼き、焼けたものから取り出すといい。

＊ 作り方7の状態で冷凍保存できる。倍量作って好きなときに1、2本ずつ焼くのもおすすめ。

＊湿気ないように保存すれば（p.37＊印参照）日もちするが、翌日から1週間めまでがおすすめ。

シュプリッツ

これもウィーン風です。バターと粉糖を合わせてよくよく泡立て、ふんわりと空気を含ませます。これでいっそう軽い口当たりが生まれます。p.25の泡立て方を確認してください。もう一つの特徴が、粉に低い温度で長時間火を通すことで生まれる風味。粉がこうばしく焼けたときのなんともいえないおいしさです。自家製ジャムがよく合います。写真手前の四角く平たく絞ったものは生地が薄いのでジャムの水分で湿気やすく日もちしませんが、作りたての繊細な味わいは格別、手作りしてこその楽しみです。

材料（丸形で約14個分、
　　四角で約16個分）
無塩バター（発酵と発酵でないもの）
　各50g
粉糖　33g
A
├ アーモンドパウダー　33g
├ シナモンパウダー　1g強
└ 薄力粉　100g
フランボワーズジャム（p.79参照）
　約60g
仕上げ用粉糖（写真外）　適宜

＊発酵バターがなければ100g全量を普通の無塩バターで。全量発酵バターにすると、風味が強くなりすぎる。

> 準備
・バターはp.25を参照して、適温にする。
・Aは合わせてふるっておく。
・天板にオーブンペーパー（p.36「キッフェルン」参照）を敷き、オーブンは150℃に温める。

1
バターを合わせ、粉糖を加えて、ゴムべらでなじませてから、ハンドミキサーの高速で4〜6分、よく泡立てる。
Point このくらいのあまり多くないバターの量なら、ボールの中で小さな円を描きながら、ボールごとゆっくり回転させて全体を泡立てるようにするといい。室温が高く、途中でバターがだれるようなら時々ボールを冷水に当てながら泡立てる。

2
白くふわっと空気を含むまで泡立てる。

3
合わせたAを加え、へらで混ぜる（混ぜ方はp.9参照）。粉気が見えなくなってからも5、6回混ぜる。

4
口径が1cmの星形、または1.5cm幅の波形の口金をつけた絞り袋に3の生地を入れ、天板の上に星形なら直径約4cmに丸くこんもりと、波形なら約6cm長さの直線を2本合わせて長方形に絞る。偶数個ずつ絞る。

5
オーブンで35〜40分（長方形に絞ったものは20〜25分）、全体にしっかりと焼き色がつくまで焼く。オーブンの奥と手前で焼きむらがあるときは、途中で天板の向きを変える。丸と長方形と両方作った場合は焼けたものから取り出して網にとって冷ます。

Point 全体が黄色っぽく、中まで焼き色がつくまで焼く。

6
完全に冷めたら2枚一組にして、フランボワーズジャムをはさむ。

7
茶こしなどを通して粉糖をふる。

＊　丸形も湿気ないうちにどうぞ。

ピーカンボール

ハーブのショートブレッド

塩味のパイクッキー3種（クミン、チーズ、ごま）

ごま

クミン　　　　　　　　　　　チーズ

41

ピーカンボール

卵が入らず、生地の主材料はバターと粉と砂糖だけ。作り方もいたって簡単。フードプロセッサーで粉とバターをさらさらの粉状にしてよく合わせます。粗く刻んだピーカンナッツの香りと食感、ちょっとした塩気が強調するバタークッキーらしい温かみのある味わいが口いっぱいに広がります。好みでくるみやヘーゼルナッツなどほかのナッツにしてもいいでしょう。おためしを。その場合はピーカンナッツと同量、もしくは好みで減らしても。

材料（約18個分）
A
- 無塩バター（発酵と発酵でないもの）
    各50g
- 薄力粉　140g
- グラニュー糖（微粒タイプ。p.53参照）
    31g
- 塩　2g弱

ピーカンナッツ　56g
仕上げ用粉糖（写真外）　適宜

準備
- バターは1cm角に切って、冷蔵庫に入れて、30分〜1時間くらい冷やす。
- ピーカンナッツは低温（150〜160℃）のオーブンで4〜5分こうばしくローストし、完全に冷まして、3〜5mm角に粗く刻む。
- 天板にオーブンペーパー（p.36「キッフェルン」参照）を敷き、オーブンは170℃に温める。
- 薄力粉はふるう。

1 Aをすべてフードプロセッサーに入れて、さらさらに細かくなるまで撹拌する。

Point　さらさらになっていないと生地にむらができたり、口当たりが悪くなったりするので、よく撹拌すること。しかし撹拌しすぎるとつながってしまい、次の作業がしづらくなるので注意。

2 ボールに1とピーカンナッツを入れて、へらで押しつけるようにしながら混ぜる。

3 まとまってきたら、練らないように注意して手でひとまとめにする。

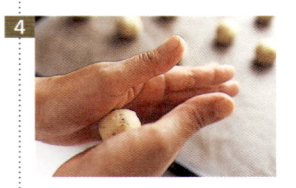

4 約15gずつに分けて手早く手のひらでボール状に丸め、天板に間隔をあけて並べる。

5 オーブンで20〜25分、表面にうっすら焼き色がつくよう焼いて、網にとって完全に冷ます。
Point　中心までは焼き色がつかないよう焼きすぎに注意する。裏側の焼き色も覚えるといい。焼けたものから順に取り出す。

6 完全に冷めたら仕上げ用の粉糖を茶こしなどでふるいながらたっぷりふる。ぴったりつけて並べると合理的。すき間に落ちた粉糖は裏側に。たっぷりまぶすとおいしい。

＊　湿気ないよう保存すれば（p.37＊印参照）1週間ほどおいしくいただける。

ハーブのショートブレッド

バターとハーブの香りがすばらしいハーモニー。タイムやローズマリーは、ぜひドライではなくフレッシュを刻んでください。生地は卵を使わないショートブレッドタイプ。ざくざくとした食感とほろほろくずれる軽さをめざしてください。これも焼きすぎには注意。グラニュー糖は、生地には微粒タイプを、まぶすのは一般的な粒子のものを、と使い分けます。神戸のショコラティエ「ピエール・ブランシュ」の白岩忠志氏のスペシャリテを教わりました。

材料（13、14個分）
- 無塩バター（発酵） 100g
- グラニュー糖（微粒タイプ。p.53参照） 50g
- A
  - 薄力粉 102g
  - コーンスターチ 33g
  - 塩 1g
- タイム（葉をしごく） 2g
- 仕上げ用グラニュー糖（一般的な粒子のもの。写真外） 適宜

準備
- バターはp.25を参照して、適温にする。
- 薄力粉とコーンスターチは合わせてふるい、塩を混ぜる。
- 天板にオーブンペーパー（p.36「キッフェルン」参照）を敷き、オーブンは170℃に温める。

1 バターをボールに入れて、ゴムべらで練って全体を均一のやわらかさにしてから、グラニュー糖を加える。

2 泡立て器にかえて少し白っぽくなるまですり混ぜる。ここでグラニュー糖が完全に溶けていなくても大丈夫。

3 再度ゴムべらにかえ、Aとタイムを入れて混ぜる。

4 全体がしっとりしてきたら、少しずつ押しつけるようにしながらひとまとめになるまで混ぜ、さらに10回ほどすり混ぜてから手でまとめる。

5 約20gずつに分ける。それぞれ手のひらで丸め、仕上げ用グラニュー糖を全体にむらなくまぶしつける。

6 手のひらではさんで丸く押しつぶしてから天板に置き、指先で直径6cm、厚さ5〜6mmになるようにのばす。ハーブ（分量外）を飾るときは、このとき表面に押しつける。

7 オーブンに入れて13〜15分、底と縁に焼き色がついたら、天板ごと取り出し、そのまま1〜2分おいて粗熱を取り、パレットナイフなどで網に移して完全に冷ます。
Point 焼きたての生地はやわらかいので、少しおいてから網に移す。生地が薄いので火が通りやすいため、全体が茶色くなるまで焼かないよう気をつける。底の焼き色も覚えるといい。

＊ タイムのかわりにローズマリーを使うときは、香りが強いので分量を1gくらいに減らすほうがいい。ほかにタラゴン、セルフィーユなど（タイムと同量か好みで増やす）でもおためしを。それぞれ葉を4〜5mm角に刻んで使う。

＊湿気ないようにして、香りがいいうちに早めにいただく。

塩味のパイクッキー3種
（クミン、チーズ、ごま）

甘いサブレではなく、塩気のきいた、生地が薄い層を作る焼き菓子もご紹介します。やわらかくしたバターと粉を米粒状に混ぜ、液体（ここでは生クリーム）でつなぐだけでパイ状の層ができます。ごまはこうばしくいってから、チーズはぜひかたまりをおろして使ってください。差が出ます。カレーに使われることの多いクミンは、歯に当たるとエキゾチックな香りが広がってあとをひきます。どれもビールやワインのおつまみとしても人気です。

クミンのパイクッキー

材料（1回に作りやすい量の目安）
無塩バター（発酵）　150g
A
　┌ 薄力粉　244g
　│ 全粒粉（薄力）　33g
　│ 粗びき全粒粉　7g
　│ クミンシード　7g強
　│ 塩　5g弱
　│ グラニュー糖（微粒タイプ。
　└ 　p.53参照）　8g
生クリーム　100g

＊生地を作ったら冷蔵庫で一晩ねかせて翌日焼くので、作り方5までは前日に。

> 準備
・バターはp.25を参照して、適温にする。
・薄力粉は全粒粉と合わせてふるい（ただし、こし網に残った分も最後に加える）、Aの材料を合わせておく。

1 バターをボールに入れ、ゴムべらで練って全体を均一のやわらかさにしてから、Aを加え、ゴムべらで切るように混ぜていく。ここでバターをやわらかくしすぎないこと。

2 粉の中にバターを切り込むようにしながら、時々底から大きく返すように混ぜてはボールを回し、全体をむらなく混ぜる。

3 練らないように注意して、ぽろぽろとした米粒状にする。

4 生クリームを回しかけて、ゴムべらで押しつけるようにして全体がまとまるようよく混ぜる。

5 適量ずつラップフィルムで包んで、7～8mm厚さにのす。そのまま冷蔵庫で一晩ねかす。においが移りやすいので、ラップフィルムでぴっちり包まれているよう気をつける。

6 オーブンは170～180℃に温める。5の生地のラップフィルムをはずして4～5mm厚さにのし直す。生地の上下の端を残してめん棒を上下にころがし、続けて生地を90度回転させて同様にめん棒をころがすと、端だけ薄くならずに均一の厚さにのせる。

7 当て木をしてパイカッターで約3cm幅に縦に切ってから、当て木を斜めに交差させて、ひし形に切り分ける。半端に切れた生地は、再度軽く練ってまとめ、のし直して同様に切り分ける。

8

オーブンペーパーを敷いた天板に少し間隔をあけて並べ、15〜20分、底が色づく程度に焼く。

＊　作り方5の状態で冷凍保存できる。少量ずつ焼きたいときは一部を冷凍保存するのもおすすめ。ラップフィルムできっちり密封されているよう注意する。使うときは、冷蔵庫で自然解凍後、作り方6へ。

ごまのパイクッキー

材料（1回に作りやすい量の目安）
無塩バター（発酵）　150g
A
　┌ 薄力粉　233g
　│ 全粒粉（薄力）　33g
　│ 洗いごま（白2対黒1程度の割合で
　│ 　合わせて）　88g
　│ 塩　3g強
　│ グラニュー糖（微粒タイプ。p.53参照）
　└ 　4g
生クリーム　100g

＊　ごまはこうばしくいり、冷ましてから使うこと。あとの作り方はクミンと同様。p.41の写真は、生地を切るときに横もまっすぐ正方形に切り分けたもの。

チーズのパイクッキー

材料（1回に作りやすい量の目安）
無塩バター（発酵）　150g
A
　┌ 薄力粉　244g
　│ 全粒粉（薄力）　33g
　│ 塩　2g
　│ グラニュー糖（微粒タイプ。p.53参
　└ 　照）　7g
パルメザンチーズ（または、エダムチーズ。かたまりをおろす）　80g
生クリーム　100g

＊　チーズの場合は、クミンの作り方1〜3と同様にAを混ぜてからチーズを加え、作り方4以降も同様にするが、焼き方は表面にも少し色がつくくらいまで。写真は、菊型で抜いてから、パイカッターで半分に切ったもの。どのパイクッキーも、一口大に切ったり、型で抜いたり、好みの形にできる。

＊どれも湿気ないように保存すれば（p.37＊印参照）日もちするが、バターの香りと食感がいいうちに召し上がれ。

スコーン

半年かけて何十回も試作した末、
「オーブン・ミトン」の
私の理想のスコーンができあがりました。
周りはさくっ、中はふんわり……
ぱさついたり、口の中でもたついたりすることのないスコーン！
イギリスの伝統的なそれとも違うし、
アメリカンなおやつタイプとも違う、
今までにないオリジナルのスコーンだと自信を持っているレシピです。
小麦粉本来のこうばしさが広がり、
生クリーム、バター、卵の風味がうまみを与えていて、
焼きたての幸せな味わいといったら！
生地そのもののおいしさを楽しめるプレーンと、
その生地にプラスする材料のバリエーションをご紹介します。
どれも冷めてしまったらアルミフォイルで包んで
オーブントースターで中までよく温めてください。

プレーンスコーン

ハーブ風味のスコーン

ごま入りスコーン

くるみとレーズンのスコーン

プレーンスコーン

発酵バターをたっぷり使ったリッチなスコーンですが、決してヘビーではありません。生クリームを入れることで周りはさくっ、中はふんわりと焼き上がります。バターは冷凍庫でかちかちになるまでよく冷やすこと、フードプロセッサーにかけるときに細かくしすぎないこと、こねるときにバターが温まってとけないように手早く、でも適度なグルテンが出るようにすることも大切です。

材料（直径約5.5cm 10個分）
A
- 薄力粉　165g
- 全粒粉（薄力）　25g
- ベーキングパウダー　10g

無塩バター（発酵）　52g
グラニュー糖（微粒タイプ。p.53参照）　9g
塩　1g

B
- 牛乳　52g
- 生クリーム　52g
- 卵　42g

＞ 準備
- バターは約1cm角に切って、冷凍庫でかちかちになるまで冷やしておく（30分以上）。
- Aを合わせてふるう。
- Bの牛乳、生クリーム、卵を合わせて冷蔵庫で冷たくしておく。
- 天板にオーブンペーパーを敷き、オーブンは190℃に温める。

1
ふるったA、冷やしたバター、グラニュー糖、塩をフードプロセッサーに入れ、10秒程度攪拌する。
Point バターは必ずかちかちに冷えたものを使い、細かくしすぎないよう、米粒程度の大きさのものが残るくらいに攪拌する。バターが冷たいうちに手早く。

2
1をボールに移して、冷やしたBを加え、ゴムべらでひとかたまりになるよう手早く混ぜる。

3
打ち粉（分量外）をした台で40〜50回こねる。軽く押してはもどし、生地の角度を変えながらむらなくこねる。手の熱が極力伝わらないよう手早く（気温が高いときは作業台を氷などで冷やしておく）。
Point はじめはべたつく感じだが、こねるとまとまってくる。指で押すと少しもどるくらいの弾力が目安。生地の温度が上がってやわらかくなったらここで一度生地を冷やすといい。

4
1.5cmほどの厚さにのす。あれば1.5cm厚さの当て木を写真のようにしてのすといい。

5
直径6cmの丸い抜き型で抜く。型の先にも打ち粉をしながら抜くと生地がつきにくい。なるべく無駄が出ないように抜くが、残った生地は、まとめてのし直し、同様に型抜きする。

6
天板に並べて上面に牛乳（分量外）を刷毛で塗り、中心にけしの実（分量外。なくてもいい）をつける。オーブンで20〜25分、ふくらんで焼き色がつくまで焼く。

7
オーブンから出して、網にとる。ぬくもりが残るくらいでどうぞ。冷めたらアルミフォイルに包んでオーブントースターなどで温めて。できればその日のうちに。

＊ フードプロセッサーがないときは、作り方1では、スケッパーで切り込むようにして混ぜる。

ハーブ風味のスコーン

フレッシュハーブの香りが広がります。好みのものでよく、ミックスしてもいいでしょう。私はタイムかローズマリーが好きです。甘味をひかえたほんのり塩味のスコーンがベースなので、クリームチーズなどを添えるとワインにも合いますし、肉や魚料理に添えるのもおすすめです。

材料（直径約5.5cmなら10個分）
p.50の「プレーンスコーン」
　の材料と
好みのフレッシュハーブ
　（p.48の写真はタイム。ミックス
　　してもいい）　4g

準備
・「プレーンスコーン」と同様。
・ハーブは葉先をつまんだり、必要に応じて刻む。

作り方も「プレーンスコーン」と同様だが、作り方2でBと一緒にハーブを混ぜる。p.48の写真は少し薄めにのして、一回り小さい型で抜いたもの（焼き時間は少し短い）。

ごま入りスコーン

ごまをたっぷり入れました。ごまは、必ず作る直前にこうばしくいってから使います。生地にごまやナッツを加えるときは、粉と一緒になじませますが、一つの生地から一度に何種類かを作りたいときは、基本の材料をすべて混ぜてからいくつかに分けてこねながら混ぜてもいいでしょう。

材料（直径約5.5cm10個分）
p.50の「プレーンスコーン」
　の材料と
洗いごま（黒、または白と黒を
　　合わせて）　25g

準備
・「プレーンスコーン」と同様。
・ごまをこうばしくいる。

作り方も「プレーンスコーン」と同様だが、作り方2でBと一緒にごまを混ぜる。同様に型で抜いて、焼く。

甘さを抑えたほんのり塩味の生地なので、プレーン、ハーブ風味、ごま入りはクリームチーズとスモークサーモンなどを添えるとワインにもよく合います。前菜や朝食、軽食としてもおすすめです。

くるみとレーズンのスコーン

もどしたレーズンとこうばしくローストしたくるみをたっぷり加えます。プレーン同様、ホイップクリームやジャムも合いますが、さっくりした温かい焼上りはそのまま食べてもおいしい。ここでは、パイカッターで大ぶりにカットして、カフェ風の楽しさにしました。

材料（10個分）
p.50の「プレーンスコーン」
　の材料と
くるみ、レーズン　各45g

準備
・「プレーンスコーン」と同様。
・くるみは、ローストして、粗く刻む。
・レーズンはぬるま湯でもどす。

作り方も「プレーンスコーン」と同様だが、作り方2でBと一緒にくるみとレーズンを加え混ぜる。少し横長の四角形にのし、ルーラーで横2等分してから、それぞれ斜めに切れ目を入れて三角に5等分するとp.49の写真の形になる。焼き方は同じ。

道具について

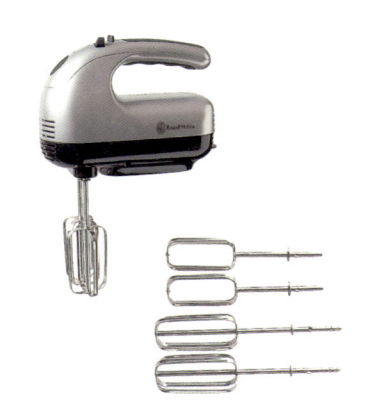

泡立て器とボール

泡立てには口径21cm、深さ11cmの底が広いボールを使いました。ハンドミキサーを大きく回してしっかり泡立てられるような寸法を選びます。泡立て器を使ってすり混ぜるときも泡立て器とサイズが合った深めのものを。湯せんにかけたり、少量混ぜたりするときには浅くて小さめのボールがあると便利です。

温度計

p.25のバターのあつかいでも記したように、素材の温度を管理することもおいしい生地作りのこつ。料理用の温度計（写真左）があると正確です。より便利なのは、温度センサー（写真右。p.80参照）。素材に赤外線を当てるだけでデジタルで温度が示されるものです。

ハンドミキサー

泡立て具合に注意をはらうと、ハンドミキサーによってもだいぶ泡立ち方に違いがあることに気づきます。パワーの違いももちろんですが、注意してほしいのが羽根の形です。根元より先が細くなったものではなく、まっすぐかふくらんでいる形をおすすめします。先が細くなっていると素材をしっかりとらえることができず、時間がかかってしまいます。羽根の部分が長く大きいもの（写真下）は、量を多く泡立てるときには効率がよくなります。少量なら小ぶりの羽根のミキサーが効率的です。

軍手

軍手2枚を重ねた、オーブンミトンです。熱いうちにオーブンや型から出したり、湯せんにかけたボールを持ったりするのに活躍します。

ゴムべら

生地作りに欠かせません。耐熱性のシリコン樹脂製で一体型のものがおすすめです。

デジタルのはかり

1g単位で割り出した配合は、デジタル式でないと正確には量れません。何度も作るうちにたどりついた配合なので、できればレシピ通りに作っていただきたい。デジタル式は風袋を簡単に引けるので、材料を加えながら量るときにも便利です。

カード

カーブのついたほうで、ボールの中の生地を底から混ぜたり、すくって型に入れたりします。平らなほうでは、型に流した生地をならしたり、角まできっちり整えるときにも使います。

材料について

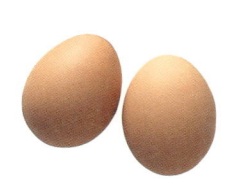

卵

新鮮でおいしい卵を使うことが大切です。鶏の種類、季節、飼育法などで大きさ、味わいも様々。高級品ならばいいというばかりでもなく、味が濃すぎても生地の風味が変わるわけですから好みを見つけてください。一般にＬ玉よりＭ玉をおすすめします。大きい卵は老鶏が産んだ可能性が高いこと、卵黄よりも卵白だけが大きい場合が多いことが理由です。

バター

無塩バターを使います。中でも使用頻度の高い発酵バター（写真左）は、乳酸発酵させて作るバターで、ほのかな酸味と深い香りが焼上りの風味を増します。発酵バターを使ってほしい場合は、材料に明記しました。普通の無塩バターにかえてしまうと味にかなりの差が出てしまいます。それだけ香りが強いので、普通の無塩バター（写真右）が向くお菓子、または両方使ったほうがいい場合もあります。いずれも酸化していない、風味のいい新しいものを。

生クリーム

純乳脂肪45％を使っています。こく、風味とも断然違います。低脂肪や植物性脂肪混合のものは味わいが落ちます。

砂糖

一番多く使うグラニュー糖は、製菓用の微粒タイプ（写真左）。粒子が小さい分、冷たい卵白やバターにもすぐに溶けるからです。溶けにくいと空気の含みが悪くなって重たい生地になったり、焼上りの口当たりが悪かったり、めざす生地の質が得られなくなります。なければ一般的な粒子のものをフードプロセッサーにかけて細かくしてください。湯せんにかけて溶けやすくする場合は、その必要はありません。一般的な粒子のグラニュー糖（写真右）をあえて使ってほしいお菓子の場合は材料表に記しました。ただグラニュー糖とある場合は、どちらを使ってもかまいません。粉糖は、コーンスターチなどが入っていない純粋なものを選んでください。

小麦粉

グルテンの形成が少ないので、ほとんどが薄力粉を使います。粉の味わいにも左右されるので、こうばしく焼き上がる粉を選び、湿気に気をつけて早めに使いきりましょう。この本では、「日清製粉」の"バイオレット"を使用しています。ロールケーキは「日清製粉」の"スーパーバイオレット"（製菓材料店、大手スーパーマーケットで手に入りやすい品）を使ってください。これは粒子が細かく、たんぱく質量が少ないのでグルテンがより出にくいのが特徴で、ロールケーキの生地を軽く仕上げてくれます。

ナッツのパウダー

アーモンド（写真上）、ココナッツ（下左）、ヘーゼルナッツ（下右）のパウダーは、酸化していないものを選び、冷蔵保存して早めに使います。冷蔵して販売している店は、信用できる場合が多いようです。特にアーモンドパウダーは、大豆や香料を加えたものがあるので注意して選びます。「オーブン・ミトン」ではカリフォルニア産のキャーメル種というアーモンドを使っていますが、甘みがあり、おだやかな香りで気に入っています。

シフォンケーキ

「食べたことのないシフォン！」と感激してくださるかたが多いのです。
シフォンケーキのふわふわとした軽さの中にも
卵の風味、しっとりした食感、味わい深さなどが
ちゃんと感じられるものをめざしたので、うれしい限りです。
卵黄と卵白は同数個を使っています。
卵白を多くして、メレンゲでかさを出す配合ではないので、
ほっくりとした卵黄の風味が味わえる生地になります。
ただし、メレンゲの泡立て方と卵黄生地との混ぜ方にはこつが必要。
仕上りの生地には写真のように泡の大小があって、
これがいかにもふわふわとした単純ではない楽しい食感を生むわけです。
そこで加える砂糖をひかえめにして、少し粗めのかたいメレンゲを作ります。
この泡はこわれやすいのが欠点ですから、工夫をします。
そして、泡立て始めたらスピード勝負。
ハンドミキサーの回し方、卵白のあつかい、砂糖を加えるタイミングなどは
作り方通りにしてほしいのですが、
ていねいにするあまりスピードが落ちないように気をつけて。
バニラビーンズ入りのプレーンなものからフィリング入りまで、
様々なバリエーションが楽しめるのもシフォンケーキの魅力です。

バニラシフォン

作り始める前に!

卵白を少し凍らせる

泡立て始めるときに一部が凍っている程度まで冷やします。常温の卵白よりも泡立ちに少し時間がかかりますが、砂糖をあえて減らした分、分離しやすいという欠点が補われてしっかりしたメレンゲになります。でも、時間のかけすぎも泡立てすぎもだめ。ハンドミキサーを大きく力強く回し、スピーディに泡立てます。

卵白にレモン汁を加え、グラニュー糖を入れるタイミングに注意

卵白の泡立ちと安定性を高めるためにレモン汁を必ず加えます。グラニュー糖を加えるタイミングも大切。はじめに少し加えて粗くなりすぎないようにします。泡に大小のむらを残したくてもぼそぼそしすぎたメレンゲは卵黄と混ざりにくく、結果混ぜすぎて泡が消え、だらりとした生地になってしまうから。残りの砂糖も途中で一気に加えるとそこからなかなか泡立たず、時間がかかって泡の含みの悪い重いメレンゲになってしまいます。かさのないメレンゲでは、ふんわりとしたシフォンケーキが焼けません。

卵黄にはサラダ油入り熱湯を加える

シフォンケーキの場合、卵黄に砂糖を加えてからあまり混ぜないようにしています。そのほうが卵黄の持つ卵らしい風味がこわれないからです。その分砂糖のあとに加える液体を温かいものにして、砂糖を溶かします。またメレンゲと合わせたあとも温度が高いほうが生地全体に柔軟性が生まれ、型に入れるときに生地と生地がなじんですき間ができにくくなり、大きな穴があくのを防ぎます。

メレンゲと卵黄生地を混ぜたあとの状態を把握する

スポンジやパウンドケーキでの粉を加えてからの混ぜ方と同様に、メレンゲを加えたらゴムべらで大きく手早く30〜35回混ぜます。むらのない生地になったら終わり、それ以上は混ぜないこと。型に入れるときの生地が、だらだらと流れるようではだめです。ゴムべらですくって逆さにしてもすぐには落ちず、ふんわりとしなやかさもある生地なら成功。ここでも焼く前の生地も、おいしそうに美しく！

バニラシフォン

卵とバニラの香りがあと口まで広がる、本当にやさしさあふれるお菓子です。シンプルな、まさに素材の味が生きる生地なので、バニラビーンズも(オイルやエッセンスではなく!)できるだけ質のいいものを、卵もおいしいものを使ってください。そのままほおばるおいしさも格別ですが、ホイップクリームとくだもの、フルーツソースで甘酸っぱさを添えた一皿もぜひおためしください。

材料(直径20cmのシフォン型1台分)
- 卵黄 80g
- グラニュー糖(微粒タイプ。p.53参照) 85g
- サラダ油 50g
- バニラビーンズ 1/4本
- 熱湯 85ml
- 薄力粉 115g
- ベーキングパウダー 5g
- 卵白 160g
- レモン汁 小さじ1/2
- グラニュー糖(微粒タイプ) 50g

> **準備**
> ・卵を卵黄と卵白に分けて計量し、卵白は泡立て用のボール(口径25cm程度のものを使う)ごと冷凍庫に入れて周りがしゃりっと凍りかけるまで冷やす(ボールごと入らない場合は小さい容器で冷凍庫に入れ、ボールは冷蔵庫で冷やす)。
> *冷凍保存した卵白はきめの細かいメレンゲにはなるが、その分シフォンケーキの生地も均一化して味わいが平板になってしまうので、長く冷凍した卵白は使わないようにする。
> ・バニラビーンズのさやに縦に切れ目を入れて中身をしごき出し、さやごとサラダ油に加える。
> ・薄力粉とベーキングパウダーを合わせてふるう。
> ・オーブンは180℃に温める。

1 卵黄をときほぐし、グラニュー糖を加えて泡立て器で軽くすり混ぜる。泡立って白っぽくなるほど混ぜないこと。泡立ててしまうと卵の風味が減ってしまう。

2 サラダ油(バニラ入り)を熱湯に加えたものを、1のボールに加える。ゴムべらでバニラビーンズや油分をきれいにこそげて加え、全体がなじむように泡立て器で混ぜる。

3 ふるった粉類を一度に入れて、泡立て器をぐるぐると回して手早く混ぜる。

4 粉気がなくなるまで混ぜ、ねばりが出るほど混ぜないこと。バニラのさやを除く。

5 一部が凍りかけた卵白にレモン汁とグラニュー糖少々(50gのうち)を加えて、ハンドミキサーの低速で軽く全体を混ぜる。卵白が凍りすぎていたらよくほぐすこと。

6 卵白がほぐれたら高速にして4分を目安に勢いよく泡立て、全体がもこもこと盛り上がり、ボールの側面に卵白が飛び散るようになってきたら、残りのグラニュー糖の半量を入れて30秒ほど勢いよく泡立てる。

7 グラニュー糖の残りを加えてさらに30秒〜1分高速で泡立て、全体をもこもことした状態にする。卵白が室温にもどらないよう手早く作業する。

8 つやがあり、先がぴんと立った短い角ができるまでしっかり泡立てる。ただし、泡立てすぎてぼそぼそにならないように。

9 4のボールに8のメレンゲの1/4〜1/3量を加えて泡立て器を大きく動かして手早くかき混ぜ、なめらかにしてからメレンゲのボールにもどし入れる。

10 ゴムべらにかえて大きく手早く30〜35回混ぜる(p.9参照)。むらなく、ふんわりとつやのある生地にする。へらですくって逆さにしても、すぐには落ちないくらい。

11 型にカードで生地をすくいながら何回かに分けて入れる。入れた生地に次の生地が少し重なるように入れていき、生地自身の重みで自然に型に密着するようにする。

12 この分量で型の七〜八分めまで入るのが理想。型ごとゆすって表面を平らにならす。

13 すぐにオーブンに入れて30〜35分焼く。最高に盛り上がってから少し沈んで、割れ目にも焼き色がつくくらいまで焼く。

14 オーブンから出し、すぐに型ごとひっくり返して完全に冷ます。暖かい時期は、粗熱が取れたら冷蔵庫か冷凍庫で完全に冷やすと型から抜きやすくなる。

15 生地の周囲を型からはがすように手で少し押してから、パレットナイフを側面に差し込んで型からはがすようにしながら一周して、型から出す。

16 中心部にもナイフを差す。

17 底板と生地の間にもナイフを入れ、型を回しながらはずす。

＊ 型からはずしたら、その日のうちにどうぞ。型のままラップフィルムで覆い、ビニール袋で密封して冷蔵保存すれば2〜3日は食感も保たれる。

＊そのままでももちろんおいしいが、泡立てた生クリームやくだもの、フルーツのソースを添えてデザートやティータイムに。

スパイス風味のフルーツシフォン

バナナチョコレートのシフォン

スパイス風味のフルーツシフォン

パウンドケーキにも焼き込んだ、自家製のドライフルーツのスパイス漬け（p.78）をフィリングにしたシフォンケーキです。漬けたスパイス類をそのまま入れてもよく、そうするとスパイスの周りの生地にいっそう香りが移って、食べる場所によって違う香りが広がったり、手作りならではの楽しさです。

材料（直径17cmのシフォン型1台分）
- 卵黄　45g
- グラニュー糖（微粒タイプ。p.53参照）　40g
- サラダ油　28g
- ドライフルーツのスパイス漬けの漬け汁　25ml
- 水　25ml
- ドライフルーツのスパイス漬け（p.78参照）の あんず、プルーン、いちじく、オレンジの皮、レモンの皮　合わせて125g
- 薄力粉　65g
- ベーキングパウダー　3g弱
- 卵白　90g
- レモン汁　小さじ1/4強
- グラニュー糖（微粒タイプ）　28g

> 準備
- p.58の「バニラシフォン」のバニラビーンズの準備は不要。サラダ油には漬け汁と水を合わせて沸騰させたものを加え、それ以外は同様にする。
- フルーツ類をざるにあげ、シロップをよくきっておく。

＊フルーツに汁気が残っていると生地のフルーツの周りに穴があきやすい。

1　ドライフルーツのスパイス漬けのフルーツをそれぞれ約1.5cmの角切り、ピール類はせん切りにして合わせる。

2　「バニラシフォン」の作り方1、2（バニラビーンズはなし）と同様にしたら、1のドライフルーツを加えてゴムべらにかえて混ぜる。

3　ふるった粉類を加えて、粉気がなくなるまで手早く混ぜる。

4　このあとは「バニラシフォン」の作り方5〜17を参照。量が少ない分、泡立て時間は少し短くなり、焼き時間は25〜28分が目安。

＊　直径20cmの型でも焼ける。その場合の材料の分量は「バニラシフォン」を参照し、バニラビーンズは除き、かわりの水とドライフルーツのスパイス漬けの漬け汁は45mlにする。ドライフルーツのスパイス漬けのフルーツは合わせて210gにする。

バナナチョコレートのシフォン

バナナとチョコレートなんて子どもっぽい甘さ……と思われそうですが、シフォン生地のやさしさにすばらしくよく合って、お互いのよさをバランスよく引き立てていると思います。チョコレートはなんといってもミルク。ビターやスイートではなくミルクチョコを。ホワイトチョコレートもおすすめ！　バナナのつぶし方にもこつがあります。

材料（直径20cmのシフォン型1台分）
- 卵黄　80g
- グラニュー糖（微粒タイプ。p.53参照）　70g
- サラダ油　50g
- 熱湯　60ml
- バナナ（よく熟したもの。正味）　150g
- レモン汁　小さじ2
- 薄力粉　115g
- ベーキングパウダー　5g
- ミルクチョコレート（または、ホワイトチョコレート）　90g強
- 卵白　160g
- レモン汁　小さじ1/2
- グラニュー糖（微粒タイプ）　50g

> 準備
・p.58の「バニラシフォン」のバニラビーンズの準備以外は同様。

1
バナナは皮をむき、ボールに入れて泡立て器で粗めにつぶし、レモン汁をふる。
Point　なめらかになるまでつぶさないこと。また、液状につぶれて水分が出るほど熟しすぎたバナナは不向き。液状のバナナを加えると生地に大きな空洞ができやすくなる。

2
チョコレートは粗く（6〜8mm角）刻み、目の粗いざるでふるって、ざるに残ったものを計量して90g用意する。
Point　粉状のチョコレートを加えてしまうと、生地の色が悪くなるので注意。

3　「バニラシフォン」の作り方1、2（バニラビーンズはなし）と同様にしたら、1のバナナを加えて混ぜる。

4　ふるった粉類を加えて、粉気がなくなるまで手早く混ぜる。

5　「バニラシフォン」の作り方5から8と同様にしてメレンゲを作り、作り方9、10と同様にして4の生地と混ぜたら、2のチョコレートを入れて大きく混ぜる。

6　このあとは「バニラシフォン」の作り方と同様。180℃のオーブンで35〜40分、焼上りの目安も同様。

フィナンシエ

こがしバターとアーモンドパウダー、卵白が主材料の風味豊かな焼き菓子。
アーモンドをほかのナッツにかえたり、フィリングを加えたり、
型をかえることで火の通り方を変えたり、バターのこがし具合を変えたりして、
同じフィナンシエでも個性豊かな生地のバリエーションができました。
どれもバターとナッツパウダーは厳選してください。
基本は、縁がかりっとするくらい高温で焼き、
中はふっくら仕上げたもの。生地の食感のめりはりもおいしさに欠かせません。
型にはバターをたっぷり塗って、オーブンの中で
揚げ焼きするような感じでこうばしく仕上げます。
あんず入りは酸味とバターいっぱいの甘い生地とのハーモニーが、
さつまいも入りはフィリングと生地の一体感が自慢です。

フィナンシエ（アーモンド風味）

ココナッツフィナンシエ、ヘーゼルナッツフィナンシエ

あんずのフィナンシエ

フィナンシエ（アーモンド風味）

焼きたては生地の外側と内側の食感の違いがはっきりしたおいしさ、翌日からはしっとりした風合いが加わってきます。型を選ぶのもこつ（右欄参照）。そして、口にしたときまっ先に感じるのが型に塗ったバターのこうばしさですから、たっぷり塗って、高温でこがすくらいのつもりで焼いてください。深みとこくが増します。水あめの効果は、保湿性を高めてしっとりした食感を保つこと。なければその分グラニュー糖を増やしてもいいでしょう。

材料（8×5cm角の深めのフィナンシエ型16個分）
- 卵白　138g
- A
  - 薄力粉　57g
  - アーモンドパウダー　57g
  - グラニュー糖（微粒タイプ。p.53参照）　140g
- 無塩バター（発酵と発酵でないもの）　各65g
- 水あめ　3g

＊水あめが、なければグラニュー糖を3g増やす。

準備
- 型に室温に置いた無塩バター（分量外）を刷毛でたっぷり塗る。気温の高い時期は、バターを塗ってから使うまで冷蔵庫に入れる。
- Aを合わせてふるう。
＊網の目が細かくて合わせてふるえないときは、アーモンドパウダーとグラニュー糖は粗めの網でふるい、別にふるった薄力粉とボールに入れて泡立て器でよく混ぜる。
- 水あめをボールに入れて湯せんにかけ、やわらかくする。
- オーブンは210℃に温める。

1 バターを深めのなべに入れ、水をはったボールを傍らに用意する。なべを中火強にかけ、時々へらで混ぜる。写真くらいのこげ茶色になったら、すぐになべ底を水につけてこげを止め、その後は温かさを保つ。

2 ボールに卵白を入れて泡立て器でこしを切るようにほぐしながら湯せんにかけ、人肌程度に温める。あまり泡立たないように混ぜる。

3 水あめのボールに2の卵白の一部を入れて混ぜ、よく溶かしてから、2のボールにもどしてむらなく混ぜる。

4 Aを3に加え、泡立て器をぐるぐると回してしっかり混ぜ、さらっとした状態にする。

5 1のこがしバターが温かいうちに茶こしを通して4に加え、泡立て器でよく混ぜる。

Point なめらかなとろりとした生地にする。

6 用意した型にスプーンなどで均等に八分めまで流し入れ、オーブンに入れて10分、200℃に落としてさらに5分焼く。

7 型から出して網の上で冷ます。

＊生地を型に流すときは、絞り袋で絞っても。慣れてくると、また量が多いときはそのほうが早い。

＊乾燥しないように密封して冷蔵保存すれば、約1週間ほどもつ（いただくときは室温にして）。

ココナッツフィナンシエ、ヘーゼルナッツフィナンシエ

基本のアーモンド風味とともに、普通の無塩バターと発酵無塩バターを合わせて使っているのは、ナッツの香りを生かすため。発酵バターだけだと風味が強すぎるからです。ココナッツ、ヘーゼルナッツのフィナンシエはそれぞれのナッツの味わいが強く感じられるパンチのきいた焼き菓子です。

材料（それぞれ、貝殻やハートなど深めのプチフール型で1回分の目安。p.68の「フィナンシエ」同様8×5cm角の深めのフィナンシエ型なら17個分）
卵白　138g
A（ココナッツフィナンシエの場合）
　┌ 薄力粉　57g
　│ アーモンドパウダー　22g
　│ ココナッツパウダー　33g
　│ ココナッツファイン（160℃のオーブンで
　│ 　6〜7分ローストしたもの）　20g
　│ グラニュー糖（微粒タイプ。p.53参照）
　└ 　140g
A（ヘーゼルナッツフィナンシエの場合）
　┌ 薄力粉　57g
　│ アーモンドパウダー　14g
　│ ヘーゼルナッツパウダー　43g
　└ グラニュー糖（微粒タイプ）　140g
無塩バター（発酵と発酵でないもの）　各65g
水あめ　3g

準備と作り方は、それぞれp.68の「フィナンシエ」と同様。

＊焼き時間は、型の大きさで違ってくるので表面の焼き色を見て判断する。色よく焼き色がつくまで焼くが、小さいとき（基本の型より厚さが薄い場合）は、はじめから200℃でうすめの焼き色に仕上げたほうがソフトな食感に。プチフール型でも、なるべく深さのあるものを選んで。

あんずのフィナンシエ

卵白を軽く泡立て、高さの出る型で焼き、ふんわりさせたフィナンシエです。バターのこがし具合もひかえめにして、マイルドな風味にしています。この生地とドライアプリコットの甘酸っぱさが絶妙。プルーンやオレンジピールでもいいでしょう。

p.70の「さつまいものフィナンシエ」参照。材料と準備はさつまいも、いためバター、塩、ごまをはずし、ドライアプリコット60gをぬるま湯でもどして5〜6mm角に刻んだものを用意する。作り方は同様に生地を作って、最後にアプリコットを混ぜ、バターを塗った小さめのブリオッシュ型などに流して、190℃のオーブンで15〜20分、表面に焼き色がつくまで焼く。型からはずして網の上で冷ます。

＊金属製の深さのある型が向くので、1人用のゼリー型やプリン型を利用してもいい。

> フィナンシエ型を選ぶときは、深さがあるほうがいい。厚みをつけて焼くほうが外と中の味わいのめりはりがつきやすい。薄い型は生地全体がかたくなりやすく味わいが平板になりがち。

さつまいものフィナンシエ

あんずのフィナンシエと同じ生地ですが、バターでいためたさつまいもとの一体感は、新しいおいしさ。和菓子のような繊細な風味です。型はできればポプラの木の焼き型を使ってほしい。独特のソフトな口当たりに焼き上がり、このフィナンシエにぴったりなのです。さつまいもの名産地、鹿児島県にある「ボン・ヴィヴォン」のシェフパティシエール吉国奈緒美氏から教わり、「オーブン・ミトン」流に少しアレンジしました。

材料（12×6cmの薄いポプラ材の型5個分）
- さつまいも（皮をところどころむく。正味） 110g
- 無塩バター 10g
- 卵白 152g
- グラニュー糖（微粒タイプ。p.53参照） 84g
- A
  - アーモンドパウダー 60g
  - 粉糖 60g
  - 塩 軽くひとつまみ
- 薄力粉 60g
- 無塩バター（発酵） 130g
- 洗いごま（白と黒合わせて） 20g

> 準備
- さつまいもは、1cm強の角切りにして、水にさらし、よく水気をふく。
- Aを合わせてふるう。
- 薄力粉はふるう。
- 木や紙の型のときは付属の紙型、またはオーブンペーパーを敷き込み、陶器の型のときは内側にバター（分量外）を塗る。
- ごまはいって冷ます。
- オーブンは190℃に温める。

1 バターでさつまいもをいためる。全体が黄色くなり、バターが回る程度にいためればいい。紙にとって余分な脂をきっておく。

2 深めのなべにバターを入れ、傍らに水をはったボールを準備する。バターをへらで混ぜながら中火強にかけ、こうばしい香りがたち茶色になり始めたらすぐになべ底を水につけ、冷めきらないよう水からあげて保温する。p.68の「フィナンシエ」よりも浅いこがし方にすることがポイント。

3 ボールに入れた卵白をほぐし、泡立て器で上面に細かい泡ができるよう軽く泡立ててから、グラニュー糖を入れてしっかり混ぜ、さらさらにする。

4 Aを加えてよく混ぜ、薄力粉も入れてさらにぐるぐると混ぜ、どろっとした、なめらかな状態にする。

5 2のこがしバターを温かいうちに加え、泡立て器でぐるぐる回してさらによく混ぜる。バターのなべ底にこげがたまってしまっていたら、茶こしを通して加える。

6 型の八分めまで生地を流し入れる。

7 1のさつまいもを散らして上からごまをたっぷりふり、オーブンに入れて10分焼き、180℃に落としてさらに15分焼き、型ごと冷ます。

＊ 乾燥しないよう密封して冷蔵保存すれば5〜6日もつ（いただくときは室温にして）。当日は素材の味と食感がはっきりした味わい、翌日以降はさつまいもと生地の一体感が進んで、それぞれおいしい。

＊型は長方形や楕円の深さのある型で。円型だと真ん中だけが大きく盛り上がってしまい、薄い型だとしっとりした持ち味が出ない。

さつまいものフィナンシエ

チーズケーキ

いろいろなチーズケーキを作ってきた中で、この本にふさわしいものを考えたときに、
まっ先に思い浮かんだのがこの2つでした。
一つは、濃厚なチーズの味わいが堪能できるベイクドチーズケーキ。
底生地のくるみのショートブレッドとの相性も抜群だと思っています。
もう一つは、口に入れると一瞬ふわっと広がって
そのまますっととけてしまうようなスフレチーズケーキ。
繊細な食感の中に、チーズの香りがあふれます。
くだものやチョコレートなどのフィリングやリキュールなどの香りづけがない、
シンプルな生地そのものでチーズを楽しめる2つのタイプをご紹介します。

ベイクドチーズケーキ

スフレチーズケーキ

ベイクドチーズケーキ

底生地は材料をフードプロセッサーで混ぜるだけ、フィリングも材料を順に混ぜていくだけです。ぜひ気軽に作ってみてください。フィリングは焼いて2日めから味がなじんでおいしくなりますが、底生地は2、3日すると湿気ってくるので、焼いた翌日が食べごろです。次に紹介するスフレとともに「キリー」のクリームチーズを使っています。一番いい味わいが出せると思います。

材料（直径18cmのスポンジ型1台分）
チーズ生地
- クリームチーズ　330g
- グラニュー糖（微粒タイプ。p.53参照）100g
- サワークリーム　145g
- 無塩バター　37g
- バニラビーンズ　1/3本
- 卵　90g
- 卵黄　30g
- コーンスターチ　11g

クッキー生地
- 薄力粉　70g
- 無塩バター（発酵）　35g
- くるみ（薄皮をのぞいたもの）　35g
- グラニュー糖（微粒タイプ）　20g
- 塩　少々

＊型は底板がはずれないものを使う。

> 準備
- クッキー生地のバターを1cm角に切って、冷凍庫で完全に冷やしておく。
- コーンスターチ、薄力粉は、それぞれふるう。
- チーズ生地のサワークリーム、バターは室温にもどす。やわらかくすること。それぞれボールに入れて、ゴムベラでなめらかに練っておく。
- バニラビーンズはさやから種をしごき出す。
- 型の底に円形のオーブンペーパーを敷き、側面に当てるペーパーは別に用意しておく。
- オーブンは180℃に温める。

1 まず、クッキー生地を焼く。フードプロセッサーに薄力粉、冷やしたバター、くるみ、グラニュー糖、塩を入れ、大きい粒で米粒くらいのものが残る程度に撹拌する。10秒程度が目安。

2 用意した型に1を入れてならし、指で押して平らにきっちり詰める。オーブンで15～17分、きつね色に焼けたらオーブンから出す。オーブンは160℃にしておく。

3 チーズ生地を作り始める。クリームチーズは、厚さを均一にしてラップフィルムで包み、熱くならないようやわらかくなる程度に電子レンジにかける。

4 3をボールに入れて、バニラビーンズの種とグラニュー糖を加えて、ゴムべらで練り混ぜる。

5 4のクリームチーズに、やわらかくしたバター、サワークリームを順に加え、そのつど泡立て器でよく混ぜ合わせる。

6 全卵と卵黄を混ぜ合わせたものを、5のボールに3、4回に分けて加え、そのつど泡立て器でなめらかになるようよく混ぜる。

7 コーンスターチを一度に加え、泡立て器で手早く混ぜ合わせる。

8 クッキー生地の粗熱が取れたところで型の準備をしておく。生地の周囲にパレットナイフなどを入れてすき間を作り、オーブンペーパーを側面に当てて、生地のすき間にきっちり差し込む。

9

用意した型のクッキーの上に生地を流し入れる。ゴムべらの先でそっと平らにならし、泡があったら竹串でつついて消す。

10

天板に型を置いて熱湯を1〜1.5cm深さまで注ぎ、オーブンで50分〜1時間蒸し焼きにする。

11

表面に焼き色がついたらオーブンの火を消して、ふたを開けずにそのまま40分〜1時間置いて、ゆっくり冷ます。

12

型のままラップフィルムをして冷蔵庫で冷やし、いただくときに型から出す。底紙はつけたままにしておく。出しにくいときは、型の底を中火の直火に当てて底だけ温め、型をゆすって生地が動き始めたら、指5本で表面を支えながら逆さにしてはずす。

＊ 味がなじみ、こくもはっきり感じられるようになってから（2日め以降）いただくのがおすすめ。ただし、底のクッキー生地が湿気ないうちに。

スフレチーズケーキ

カスタードクリームにチーズとメレンゲを加えていき、ふんわりしたスフレ生地にしますが、ここでのメレンゲはシフォンケーキよりもきめの細かいしなやかなものにします。蒸し焼きにしますが、決して焼きすぎないこと。完全に火が通る手前でオーブンの火を消し、余熱を使います。「一度食べたら忘れられない」チーズケーキのこつです。

材料（直径18cmのスポンジ型1台分）
クリームチーズ　300g
無塩バター（発酵）　45g
　卵黄　57g
　グラニュー糖（微粒タイプ。
　　p.53参照）20g
　コーンスターチ　11g
牛乳　150g
　卵白　95g
　グラニュー糖（微粒タイプ）　55g

＊型は底板がはずれないものを使い、できれば高さのあるもので。

> 準備
- バターは、湯せんにかけてとかす。
- 卵白をp.58の「バニラシフォン」の準備同様に冷やす。泡立て用のボールに入れて周りが少し凍りかけるくらいにする。
  ＊ただし、この場合はきめの細かいメレンゲを作るので、冷凍保存した卵白で、上記のような状態にまで解凍したものを使ってもいい。
- コーンスターチはふるう。
- 型の側面にオーブンペーパーを当てる。下部は切り込みを入れて底に折り込み、高さは型から1cm程度出るようにする。底に円形のペーパーを重ねる。
- オーブンは180℃に温める。

1 クリームチーズをp.74の「ベイクドチーズケーキ」の作り方3を参照して、電子レンジで人肌程度に温め、バターとともに大きめの深いボール（口径25cm程度）に入れて、泡立て器でよく混ぜる。
Point 少し分離したようにざらついても大丈夫なので、よく混ぜ合わせること。

2 別のボールに卵黄とグラニュー糖を加えてよく混ぜ、コーンスターチを入れてさらに混ぜる。

3 牛乳を沸騰させて2のボールに加え混ぜ、湯せんにかけて泡立て器で混ぜながら、とろみがつくまで温める。沸騰した湯で湯せんし、手早くとろみをつけること。

4 3が熱いうちに1のボールに入れて、手早くなめらかになるまで混ぜる。

5 一部が凍りかけている状態の卵白にグラニュー糖55gのうち少々を加えて、ハンドミキサーで2分程度泡立て、七分立てにする。きめが細かくなるようハンドミキサーは高速にしすぎないこと。

6 残りのグラニュー糖の半分を加えてさらに30秒弱泡立て、残りのグラニュー糖を加える。今度はミキサーでゆっくり円を描くようにして泡立て、持ち上げると先端がゆっくりとおじぎする程度のメレンゲにする。
Point きめの細かいやわらかめのメレンゲを作る。かたく泡立てないほうが口どけのいい生地になる。

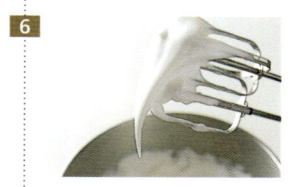

7

メレンゲの1/4程度を4のボールに入れ、ゴムべらで底から大きく混ぜ合わせる。

8

よく混ざったら残りのメレンゲを加えて混ぜる(p.9参照)。全体がむらなく混ざればいい。

9

型に流し入れ、型ごとゆすってならし、カードなどで表面を平らにして、大きい泡があったらつついて消す。

10

型を天板に置いて、熱湯を1〜1.5cm深さまで注ぎ、オーブンで約15分焼いたら、160℃に下げてさらに25分、表面にうっすら焼き色がつく程度まで焼き、火を消して40分〜1時間そのまま置く。
Point 余熱でも火が通ることを考慮して、焼きすぎないこと。オーブンによっては焼き色がつかなくても火が通っていることもあるので焼き時間の目安よりあまり長く焼かない。

11

オーブンから出して完全に冷ましてから、ラップフィルムをして型ごと冷蔵庫に入れて冷やす。いただくときに型から出す。底紙はつけておく。

* 全体の作業は手早く。泡立ちやきめが変わらないよう、段取りよく作業を進める。

＊翌日のほうが味がなじんでおいしい。長くおくと味が抜けるので、早めにいただく。

ドライフルーツの スパイス漬け

材料（約1L分）
ドライいちじく　250g
ドライアプリコット　150g
ドライプルーン　150g
漬け汁
　┌ 水　700ml
　│ グラニュー糖　150g
　│ カーダモン　7、8粒
　│ クローブ　7、8粒
　│ バニラビーンズ　1/2〜1本
　│ 黒粒こしょう　9粒
　│ 月桂樹の葉　5、6枚
　│ しょうがの薄切り　2、3枚
　│ レモンの皮（黄色い表皮のみ）
　│　1/2個分
　└ オレンジの皮　1/2個分

1　カーダモンとクローブは、ビニール袋などに入れてめん棒でたたいで軽くつぶす。バニラビーンズは、縦にナイフを入れて種をしごき出す。さやも使う。

2　なべに漬け汁の材料を入れ、5分ほど煮て香りを出し、そのまま冷ます。

3　2が完全に冷めたらドライフルーツをすべて加え、清潔な保存瓶に移して冷蔵し、5日ほどおいてから使う。

＊　いちじくは、かたければ縦にさいて漬けると味が染みておいしい。

＊漬け汁にシナモンスティック1本を加えても。お好みで。

＊フルーツはそのまま楽しんだり、お菓子に焼き込むほかヨーグルトやアイスクリームなどとどうぞ。シロップは杏仁豆腐やババロアにかけて楽しめる。

新しょうがの甘煮

材料（1回に作りやすい量の目安）
新しょうが（薄皮をむいて、6〜7mm
　厚さに切った正味）　300g
┌ グラニュー糖　250g
└ 水　450ml

1 グラニュー糖と水をなべに合わせて煮溶かし、しょうがを加えて一煮立ちさせ、とろ火にして約1時間、しょうがにしゃきっとした歯ごたえが残る程度まで煮る。

* 清潔な保存容器で冷蔵保存すれば3カ月ほどもつ。しょうがは刻んでタルトのアーモンドクリームに混ぜたり、アイスクリームに添えたりしてもおいしい。シロップはソーダ（無糖）で割って、自家製ジンジャエールがおすすめ。

フランボワーズジャム

材料（約350ml分）
フランボワーズ（冷凍でも可）　230g
水　50ml
A
　ペクチン　3g
　グラニュー糖　20g
水あめ　90g
グラニュー糖　170g

1 フランボワーズと水をなべに入れて、中火強にかけ、泡立て器でつぶしながら一煮立ちさせたら、火を止める。

2 合わせたAを加え、よく混ぜてから再度火にかけて、ときどき混ぜながら2〜3分煮立てる。

3 水あめとグラニュー糖を2回に分けて加え混ぜ、5分ほどふつふつと静かに煮立つくらいの火加減で煮詰める。

* お菓子用の少しかためのジャムに仕上げる。パンやスコーン用にするなら、煮詰める時間を短めにしてゆるめに仕上げるといい。

小嶋ルミ

鹿児島県出身。日本大学芸術学部音楽学科卒業。食材をあつかう会社の営業などを経験後、東京製菓学校を卒業。「新宿中村屋『グロリエッテ』」にて横溝春雄氏に師事。
1987年、自宅のある東京・小金井に「オーブン・ミトン」を開店。
現在はご主人小嶋晃氏が料理のシェフを務めて合同で営業。女性スタッフとともに常に納得のいくお菓子作りをめざし、素材が生きたやさしい味わいには定評がある。お菓子教室も人気。中国やタイでも講習を開催、絶大な人気を博している。お菓子の研鑽のためなら国内外を問わず、専門店の厨房や教室に通う情熱を持ち続けている。
著書に『簡単だからおいしい！お菓子』『知りたがりの、お菓子レシピ』（共に文化出版局）、『小嶋ルミのおいしいクッキーの混ぜ方』（柴田書店）などがある。

「オーブン・ミトン」（スクール＆ラボ）
東京都小金井市本町1-12-13　Tel　042-388-2217

＊p.52でご紹介した温度センサーは「佐藤計量器製作所」製。お問合せは、電話番号03-3254-8110です。

撮影　白根正治
ブックデザイン　中村善郎 Yen
デザインアシスタント　羽川桜子 Yen

おいしい！生地
スポンジ、パウンド、シフォン……焼きっぱなしで極上に

発行　　　2004年4月25日　第1刷
　　　　　2021年5月26日　第30刷

著者　　　小嶋ルミ
発行者　　濱田勝宏
発行所　　学校法人文化学園 文化出版局
　　　　　〒151-8524　東京都渋谷区代々木3-22-1
　　　　　電話　03-3299-2565（編集）
　　　　　　　　03-3299-2540（営業）
印刷所　　凸版印刷株式会社
製本所　　小髙製本工業株式会社

©Rumi Kojima 2004
Photographs©Masaharu Shirane 2004
Printed in Japan
本書の写真、カット及び内容の無断転載を禁じます。

・本書のコピー、スキャン、デジタル化等の無断複製は著作権法上での例外を除き、禁じられています。本書を代行業者等の第三者に依頼してスキャンやデジタル化することは、たとえ個人や家庭内での利用でも著作権法違反になります。

文化出版局のホームページ　http://books.bunka.ac.jp/